I0759598

ROMPE EL CICLO

ALICIA MUÑOZ

ROMPE EL CICLO

Aprende a nutrir de amor y confianza tu relación

Traducción de Marta Escartín Labarta

Papel certificado por el Forest Stewardship Council®

Título original: *Stop Overthinking Your Relationship*

Primera edición: enero de 2025

Printed in Spain – Impreso en España

ISBN: 978-84-03-52537-5
Depósito legal: B-19.269-2024

Impreso en Black Print CPI Ibérica
Sant Andreu de la Barca (Barcelona)

AG25375

A mi marido, Mike, y mi hijo, Lucas;
nada supera estar con vosotros

Índice

Prólogo 11
Introducción: El enemigo silencioso del amor 15

Capítulo 1. ¿Qué es la rumiación en las relaciones? 35
Capítulo 2. El campo de tu relación 79
Capítulo 3. La mentalidad básica de SLOW 115
Capítulo 4. Ver los pensamientos para ser consciente de que empieza la rumiación 133
Capítulo 5. Identificar el hábito o patrón mental 167
Capítulo 6. Abrirse a lo que está ocurriendo en el momento 187
Capítulo 7. Acoger la vulnerabilidad y lo desconocido para ser quien eres 213
Capítulo 8. Consejos para poner en práctica el proceso SLOW 229
Capítulo 9. Mimar tu relación 237

Conclusión 271
Agradecimientos 275
Bibliografía 277

Prólogo

♥ ♥ ♥

Alicia Muñoz pone el listón muy alto cuando hablamos de escribir libros honestos, útiles e informativos que también resultan atractivos y veraces. Su sabiduría me atrapa y su franca honestidad al describir sus luchas me infunde ánimos. Es una médica y una persona sabia, perspicaz y compasiva. No trata de ocultar sus retos, sino que ejemplifica las recompensas del amor consciente de una forma muy real.

Incluso el escribir este prólogo me ayudó a hacer cambios en mi propia relación después de haber leído solo unas cuantas páginas. Una horrible tormenta amenazaba nuestra ciudad. La tierra que rodeaba nuestra casa, saturada por días de lluvia, liberó las raíces de un roble oregón blanco, que se vino abajo de inmediato y se estrelló contra nuestro porche. Mientras la tormenta aullaba sobre nuestras cabezas, mi marido salió para serrar ramas y retirar con cuidado el árbol caído. Le llevó la mayor parte del día. Al fin, asomó la cabeza por la puerta para decirme que casi había terminado. Cuando salí para ver lo que había hecho vi que el árbol había desaparecido. Incluso había limpiado el suelo enlodado. Pero lo que me llamó la atención en ese momento es que la pala y la carretilla seguían en el patio.

Recuerdo que pensé para mis adentros: "Esas cosas no deberían estar ahí. ¿Por qué no recoge todo cuando termina? Debería tener más cuidado". A pesar de que había estado yendo de acá para allá desafiando heroicamente la tormenta durante horas para salvar nuestro porche, mis pensamientos se habían concentrado en lo que no había hecho.

Y entonces lo entendí... al instante. Estaba rumiando sobre lo que estaba mal. Un "ciclo de rumiación", como Alicia lo llama, había comenzado a girar; en mi caso, un híbrido de control y culpa. El pequeño descuido de mi marido había acaparado mi atención. Yo era como un gato que se lame una pata adolorida, con lo que irrita la herida. Por suerte, lo hice consciente, y pude dejar de lamentarme de la *negligencia* de mi marido y pasé a apreciar su *arduo* trabajo para retirar el árbol en beneficio de ambos.

Las metáforas de Alicia son sorprendentes; compara la rumiación en las relaciones con lo que los usuarios de Apple llaman la "rueda giratoria de la muerte", un camino que da vueltas y vueltas sin rampa de salida que lo detenga, excepto la conciencia de tu propio pensamiento y comportamiento. Me he vuelto más consciente de mi propia rueda giratoria después de leer este libro, extraordinario y cercano. Como escritora y oradora frecuente sobre el tema de las relaciones, describo el amor como un sentimiento y el amar como un conjunto de habilidades. En *Rompe el ciclo*, Alicia se centra en las habilidades esenciales (y que pueden aprenderse) para *amar bien*, tanto dentro como fuera de una relación comprometida. Una de las habilidades básicas es cultivar una mentalidad de crecimiento. A partir de ahí, en su exploración de cinco "estilos de apego en pareja", ofrece una perspectiva refrescante sobre las dinámicas de estilos de apego en las relaciones sentimentales y examina cómo la rumiación incontrolada alimenta tanto el vínculo ansioso como el evasivo.

El mensaje esencial de Alicia es que podemos cambiar el argumento de nuestras historias de amor. Una forma de hacerlo —y deshacer la rumiación— es aprender a estar con las cosas que solemos evitar a largo plazo. Mediante una práctica sencilla y elegante que resume con el acrónimo inglés SLOW (*seeing*, *labeling*, *opening* y *welcoming*), cuyas iniciales significan *ver*, *identificar*, *abrirse* y *acoger*, ofrece una herramienta concreta para contrarrestar el condicionamiento que ha convertido a muchos de nosotros en espectaculares *sobrepensadores* en el amor. Los poderosos conceptos que encierra este memorable acrónimo de cuatro letras constituyen la base de todos los enfoques eficaces de *mindfulness* ("atención plena") que conozco.

Al final, no son nuestras diferencias las que crean o destruyen nuestras relaciones, sino nuestras habilidades interpersonales, que podemos practicar para sortear nuestros problemas con eficacia. Estas habilidades incluso pueden convertir algunos de nuestros problemas en obsequios. Con humor y calidez, *Rompe el ciclo* ofrece información esencial para reducir la rumiación y crear una relación afectuosa para cualquiera que esté dispuesto a aprender, seguir sus sugerencias y bajar el ritmo.

LINDA CARROLL,
terapeuta y autora de *Love Skills: The Keys to Unlocking Lasting, Wholehearted Love*

Introducción

El enemigo silencioso del amor

♥ ♥ ♥

No hace mucho tiempo, dos personas se enamoraron.

Juntos, viajaron, comieron, vivieron aventuras, se acostaron, hablaron, lloraron, pelearon, se reconciliaron y revelaron miedos y anhelos. A estas dos personas las llamaré Tú y Yo.

Tú era seguro de sí mismo, aunque no tenía motivación, por lo que estar con Yo lo inspiraba y le daba energía, le proporcionaba un sentido de propósito. Yo era ambicioso, aunque reservado socialmente, por lo que estar con Tú le ayudaba a relajarse y asumir riesgos. Como pareja, durante un tiempo, se sentían completos.

Tras varios meses, se mudaron juntos. A Yo lo ascendieron y trabajaba hasta tarde. Tú hacía muchos planes con amigos. Se tocaban menos, hablaban menos y comían rápidamente. Estaban ocupados, miraban sus teléfonos, comenzaron a dormir en camas separadas y pocas veces tenían tiempo para aventuras o viajes. Se preocupaban por el futuro, se controlaban el uno al otro y dudaban de su amor. El resentimiento fue creciendo. No parecía que iban a sobrevivir como pareja.

Me gustaría poder decir que el argumento de esta historia es poco frecuente. Pero no lo es. Lo escucho a menudo, como terapeuta de parejas, aunque los pormenores sean distintos. Entonces, ¿cómo es que las historias de amor con inicios apasionados y esperanzadores como este acaban mal? He aquí el motivo: las parejas descarrilan por pensar demasiado.

En las relaciones sentimentales, pensar demasiado paulatinamente —día tras día, mes tras mes— interfiere con el acceso de la pareja a los recursos y las habilidades esenciales para una relación. Reduce el ancho de banda para la conciencia, la empatía, la curiosidad y lo que sea que esté ocurriendo en sus corazones. Básicamente, pensar demasiado se vuelve un mal hábito cognitivo.

Comienza con un pensamiento. Este pensamiento (una opinión, una interpretación, una predicción o un juicio) conduce a más pensamientos. Quizá te resultan familiares algunos de estos ejemplos. Cuando uno de los miembros de la pareja llega tarde a casa, el otro piensa: "Me está descuidando. El trabajo es más importante que yo". Si uno de ellos no inicia las relaciones sexuales, el otro piensa: "Vamos camino a un matrimonio sin sexo. Sabía que esto iba a ocurrir". Si uno de ellos está distraído durante la cena, el otro piensa: "Está aburrido. No tiene nada que decirme. No puedo creer que hayamos llegado hasta aquí". Si uno de ellos se olvida de preguntar qué tal le fue en la consulta del médico, el otro piensa: "Es un egoísta y un insensible. Estoy solo en esta relación".

Si surgen pensamientos de este tipo cuando uno de los miembros de la pareja se siente amenazado, pueden aparecer pensamientos similares. Los pensamientos reflexivos y negativos alimentados por la ansiedad no aparecen y desaparecen. Se multiplican. Incluso pueden convertirse en ruedas de pensamientos, dando vueltas en lo que se conoce como *rumiación* en el mundo de la salud mental. Los pensamientos obsesivos de cada persona dentro de una pareja distorsionan sus percepciones respecto al otro miembro que conforma esa pareja. Con el tiempo, conforme las distorsiones se van convirtiendo en historias sobre la otra persona, la pareja deja de abrirse, relacionarse directamente y compartir. Pierden el contacto con la aventura del amor.

Es difícil culpar a las parejas que, como les sucede a las dos personas de esta historia, comienzan a perder la esperanza en su relación por pensar demasiado. En nuestros lugares de trabajo, escuelas y comunidades se valora más el pensar que el abrirse a la experiencia. El pensamiento se considera nuestro activo humano más valioso, el motor de la civilización, la cultura, el arte, la psicología, la ciencia y la literatura. Por eso, muchos de nosotros somos unos habilidosos sobrepensadores cuando entramos en una relación sentimental.

El amor y la vida son inciertos. Cuando no podemos predecir el futuro, no conocemos la solución a un problema o nos sentimos agobiados, filtrar nuestras experiencias por medio de historias y narraciones nos da una sensación de voluntad y control. En una cultura donde se ensalza el pensamiento, este se convierte en la sustancia más barata y accesible para alterar la mente. Por naturaleza, el pensar demasiado tiende a ser la estrategia a la que acude cada miembro de una pareja para lidiar con los problemas cuando el otro se asusta, se siente perdido o no logra saber qué hacer.

En mis años como terapeuta he visto que pensar demasiado erosiona el amor entre las personas cuando pasa desapercibido y no se cuestiona. Sin embargo, mi perspectiva privilegiada no es exclusivamente profesional. Como alguien que solía pensar obsesivamente de forma crónica con preferencia por la duda y los ciclos de autocompasión, he padecido de primera mano los efectos destructores de pensar demasiado. Tras un doloroso divorcio a los veintitantos, casi treinta, no tenía mucha fe en las parejas sanas ni en mi capacidad de formar una. Actualmente, más de dos décadas después, sé que eso no es así. Las historias de amor felices se *crean*, no se encuentran por casualidad. No solo he vivido los cambios que conlleva el deshacer la rumiación en la relación que mi marido y yo hemos ido creando durante los últimos diecisiete años, sino que también he ayudado a cientos de parejas a fomentar una intimidad más profunda y unas conexiones más seguras y satisfactorias mediante este trabajo.

Si has elegido este libro, es probable que hayas visto el daño que puede causar el exceso de pensamientos ansiosos en una relación. Si es así, estás en el lugar correcto para aprender una forma mejor.

CÓMO AFECTA LA RUMIACIÓN A LAS RELACIONES

¿Alguna vez has visto aparecer una diminuta pelota de playa con muchos colores en la pantalla de tu ordenador, por lo general, cuando algo ha salido mal? Los usuarios de Macintosh la llaman la rueda giratoria de la muerte, o a veces la canica de la perdición. Si alguna vez has visto esa rueda arcoíris que no deja de girar, sabrás que es sinónimo de problemas. Incluso puede que tengas que forzar el cierre del programa y perder parte de tu trabajo. Puedes acabar pasando horas al teléfono con soporte técnico. La rueda giratoria de la muerte es una estupenda metáfora del pensamiento obsesivo.

Cuando pensar demasiado interrumpe el flujo natural de tu vida también es una señal de problemas. A diferencia de una pelota de playa, los ciclos de rumiación no tienen gran colorido. Son sombríos y predecibles, y están formados por pensamientos negativos repetitivos en lugar de por los colores del arcoíris. Cuantas más vueltas dan, más espacio ocupan en tu mente. Pueden girar tan rápido y ocupar tanto espacio que resulta difícil ver más allá. Es fácil caer en la trampa de asumir que el contenido que provoca ansiedad es cierto.

Cuando rumias, tu atención y energía se desvían hacia el pensamiento negativo repetitivo. El problema de hacerlo en una relación es el siguiente: el pensar demasiado no solo agota y malgasta tu atención y tu energía. También afecta a tu pareja. Aunque los ciclos de rumiación parecen ocurrir en privado en tu mente, estos giran en el campo de la relación que ambos crean en conjunto.

Pensar demasiado tiene un impacto, sin importar si ocurre en una mente o en dos. Aviva las frustraciones y las inseguridades e influye en la comunicación y la conducta. Si ambos miembros de la pareja coinciden en sus ciclos de rumiación duales (podría llamárseles "en duelo"), los problemas se intensificarán. Cada persona se arriesga a ver a la otra a través de un halo de negatividad. Atrapados en el fuego cruzado creado por la carga emocional negativa de los ciclos de rumiación en duelo, las parejas se resienten y se ponen a la defensiva.

Yo uso el término rumiación en las relaciones para describir este tipo de pensamiento obsesivo. En la rumiación conjunta (un concepto relacionado), dos personas rumian juntas sobre el mismo tema. La rumiación en las relaciones es un término más amplio que pretende describir un patrón general de pensamiento obsesivo negativo de uno o ambos miembros de la pareja que erosiona la confianza y sabotea el amor. En este libro usaré los términos "rumiación", "pensamiento obsesivo", "pensar demasiado", "pensamiento negativo repetitivo", "pensamiento pasivo" y "rumiación en las relaciones" para describir variaciones del mismo fenómeno: un pensamiento excesivo pasivo y no deseado que ocurre tanto y tan a menudo que acaba erosionando el vínculo de una pareja.

La rumiación se ha asociado a trastornos de la conducta alimentaria, ansiedad, depresión, TEPT, trastornos por consumo de sustancias y TOC. No solo es un síntoma de tristeza; también es una causa. Un estudio de 2013 que involucró a 32827 personas —llevado a cabo por la Universidad de Liverpool en Inglaterra— expone que la rumiación es un factor más predictivo de los problemas de salud mental que los factores biológicos, sociales o los acontecimientos traumáticos en la vida (Kinderman *et al.*, 2013). Los sucesos problemáticos en la vida, los antecedentes de enfermedades mentales, la pobreza y los obstáculos interpersonales conducen a un deterioro de la salud mental. Al mismo tiempo, estos factores conducen a eso también, indirectamente: por medio de la rumiación. En otras palabras, las circunstancias se vuelven graves problemas de salud mental únicamente cuando no podemos dejar de pensar en ellas de forma poco saludable.

No se trata de un mero dato interesante apoyado por las investigaciones. Si la rumiación conduce a la depresión y la ansiedad, entonces disminuirla puede lograr lo contrario: aumentar tu bienestar. No puedes cambiar tu pasado ni tu composición genética, pero sí puedes controlar qué tanto rumias. Esto no quiere decir que tengas que ignorar las circunstancias dolorosas. Eso favorecería la enfermedad mental al negar la realidad. Pero si puedes canalizar tus energías hacia unas estrategias para sobrellevar los problemas y unos estilos de pensamiento más útiles, tienes más posibilidades de superar los obstáculos. Una revisión sistemática de diecinueve estudios centrados en reducir la rumiación —llevados a cabo entre 2002 y 2012— reveló que las intervenciones cognitivo-conductuales y basadas en el *mindfulness* pueden ayudar a reducir eficazmente la rumiación (Querstret y Cropley, 2013). Rumiar menos conduce a historias de amor más felices.

Cuando pensar demasiado se combina con las necesidades y los temores emocionales en un vínculo íntimo entre adultos, se puede acabar reviviendo el mismo conflicto con la pareja durante muchos años, aunque se disfrace de formas distintas. Incluso se puede llegar a oír a algunas parejas decir que tuvieron la misma pelea que en su primera cita una década después.

El ser consciente de tu pensamiento negativo repetitivo puede reducir la intensidad de los conflictos... o incluso desactivarlos por completo. Las diferencias entre los miembros de la pareja no crean ni destruyen una relación. Lo que sí lo hace es la forma en la que cada uno piensa en estas diferencias.

CÓMO USAR ESTE LIBRO

Si no eres capaz de ver que algo te hace daño, es más fácil seguir haciéndolo. Muchas parejas no se dan cuenta de la forma en la que la rumiación erosiona su conexión. Este libro te ayudará a reconocer los estragos que causa el pensar demasiado, para que puedas reconectar con lo que más te importa.

En el primer capítulo se examinará en profundidad la rumiación en las relaciones: qué es, por qué se pasa por alto y cómo se relaciona con los miedos a las primeras relaciones de apego. En el capítulo 2 te adentrarás en el concepto de un campo de relación junto con tu estilo de apego en pareja o EAP. Del capítulo 3 al capítulo 7 conocerás tu forma de pensar e identificarás tus pensamientos, tus ciclos de rumiación, tus detonantes, tus señales de alarma y tus guiones sin salida. También conocerás SLOW, una práctica de cuatro pasos que puede ayudarte a pasar de pensar en lo que te molesta a saber estar con lo que está pasando en el momento. SLOW es un acrónimo inglés que equivale a ver, identificar, abrirse y acoger.

En el capítulo 8 se repasarán algunos consejos para poner en práctica y usar SLOW. En el capítulo 9 aprenderás importantes habilidades preventivas, paliativas y curativas para atender tu relación y así alimentar tu vínculo. También crearás tu propio botiquín de primeros auxilios personalizado para tu relación. Los ejercicios te guiarán para que reflexiones y apliques en tu vida las habilidades que vas a dominar gracias a este libro.

Entre estos capítulos se han entretejido las historias de diez parejas. Su intención es resaltar los problemas que surgen debido a la rumiación en las relaciones y proponer formas de manejarlos. Aunque las he sacado de mi trabajo como terapeuta, las parejas que aparecen en estas páginas son ficticias. Toma lo que te sirva de sus luchas y sus éxitos e ignora lo que no te sea útil.

La mayoría de los ejercicios en este libro te invitan a escribir las respuestas o dejar constancia de los pensamientos. Te recomiendo que emprendas un nuevo diario en una libreta en blanco para este fin, de modo que tengas todo en un mismo lugar y puedas revisarlo después con facilidad. Los cuestionarios, apuntes y evaluaciones que encontrarás en estas páginas no son herramientas de diagnóstico. Sirven para orientarte y estimular la reflexión. Encontrarás en internet versiones de la mayoría de los ejercicios en forma de fichas en ‹http://www.newharbinger.com/50034› (estos recursos se encuentran en inglés).

Si actualmente no tienes pareja, podrás practicar SLOW y trabajar los ejercicios individuales y conjuntos por tu cuenta (estos últimos pueden hacerse de forma individual con unos ligeros ajustes). Concéntrate en tu relación contigo mismo y examina el papel que ha desempeñado el pensamiento obsesivo en tus relaciones pasadas.

Los momentos de agobio, frustración y ansiedad son inevitables cuando se aprenden cosas nuevas, se revisan patrones, se reflexiona sobre uno mismo y se analiza la historia personal. Si tú y tu pareja trabajan en esto juntos, háganlo a su manera y a su ritmo. Yo fomento lo que llamo "tiempo fuera para adultos" (hablaremos más al respecto en el capítulo 9), como una forma de cuidados paliativos de una relación. Tómense tiempo fuera para adultos si ven que están teniendo desacuerdos o están discutiendo. Es probable que tengan distintos niveles de motivación para leer los capítulos, hacer los ejercicios y usar las herramientas y técnicas. Es completamente normal. Tomarse tiempo fuera para adultos significa separarse el uno del otro durante un periodo corto. Esto puede ayudar a desviar la atención de un conflicto, recobrar la perspectiva y tranquilizarse.

Divulgar información sensible que tu pareja te revela en confianza o usarla como prueba de creencias o juicios negativos tampoco les ayudará. Echar culpas, castigar, manipular o controlar debilita la seguridad en la pareja, y hace que sea más difícil compartir y colaborar. Si te descubres con cualquiera de estos comportamientos que sabotean una relación, responsabilízate de tus pasos en falso y enmienda. Ve directo al capítulo 9, si es necesario, y lee sobre lo que hay que hacer para que una reparación sea exitosa y puedas empezar a practicar desde ya.

La incomodidad no siempre es algo malo. Surgirán sentimientos, sensaciones, percepciones e impulsos negativos cuando ya no dependas de la rumiación en las relaciones para aliviar las situaciones que provoquen ansiedad. Parte de lo que salga a la superficie será perturbador. Esto se debe a que la exploración es arriesgada. Cuando te enfrentas a aspectos de ti mismo que has evitado, negado o enterrado bajo pensamientos negativos repetitivos, seguro que hay riesgos.

Sin embargo, evitar la exploración también es arriesgado. En palabras de Helen Keller: "Evitar el peligro no es más seguro a largo plazo que exponerse abiertamente. A los temerosos se les atrapa con la misma frecuencia que a los valientes" (Keller, 1940, p. 51). En otras palabras, ignorar la rumiación en las relaciones tampoco es una elección segura. Pensar demasiado en tu relación conlleva su propio conjunto de costos, riesgos y consecuencias. Pueden ir desde ansiedad, tristeza, una sensación persistente de ausencia hasta miedo existencial. Hacer lo que siempre has hecho porque siempre lo hiciste así alimenta la desconexión, el resentimiento y la infelicidad. El objetivo no es evitar la incomodidad. Es llegar a la raíz de los problemas en tu relación sin dejar de ser curiosos, estar abiertos y conectados durante los momentos difíciles.

Si en tu relación hay abusos, enfermedades mentales, traumas o adicciones, busca apoyo y orientación. En algunos casos, los trastornos emocionales o los trastornos de déficit de atención pueden interferir con tu capacidad de hacer determinadas prácticas y ejercicios. Si te has sentido triste, irritable, olvidadizo, desesperado, sin motivación o con miedo durante más de unas pocas semanas seguidas, piensa en acudir con un terapeuta u otro profesional de la salud mental. Ningún libro de autoayuda puede sustituir un tratamiento de apoyo de salud mental, una terapia de pareja o a los psicofármacos, si eso es lo que necesitas.

Si tú y tu pareja tienen poca base de seguridad en su relación (o ninguna), sean honestos con ustedes mismos sobre el punto en el que se encuentran. Si la hostilidad interfiere con una conversación y una escucha atentas y respetuosas, profundizar aún más sin la orientación de un profesional puede ser contraproducente y alimentar los conflictos. Lo mismo ocurre si obligas a tu pareja a trabajar con este libro si no quiere hacerlo. En lugar de eso, háganlo por separado. Por ejemplo, pueden realizar los ejercicios conjuntos más adelante. O, si no, confórmate con trabajar sobre el libro por tu cuenta sin la participación activa de tu pareja. Comprender más sobre la rumiación en las relaciones y hacer los ejercicios y las prácticas por tu cuenta también puede resultarles muy beneficioso como pareja.

HABLAR Y ESCUCHAR CON INTENCIÓN

Cuando hablamos con gente en nuestro día a día, solemos enfocarnos en transmitir información u obtener la respuesta que queremos. Cuando hablamos y escuchamos cotidianamente, también es común hacer varias cosas a la vez mientras compartimos y oímos. Hablamos por los auriculares mientras empujamos el carrito de la compra y revisamos las estanterías. Respondemos correos electrónicos durante una conferencia. Deslizamos los artículos en una caja registradora mientras hablamos sobre el clima. Lidiamos con el tráfico mientras nuestra pareja nos cuenta una anécdota. Nuestra atención está dividida.

Hablar y escuchar con intención es distinto a lo que haces cuando te comunicas con otras personas mientras haces otras cosas. En los ejercicios conjuntos de este libro se te invita a adoptar los papeles de Hablante y Oyente. El formato de hablante-oyente ha sido un componente central de la terapia cognitivo-conductual de pareja durante muchas décadas y, antes de eso, de la terapia conductual de pareja (TCP; Baucom *et al.*, 2015). Cuando toda tu atención se centra en compartir reflexiones o en escuchar lo que tu pareja dice, tu atención es cualitativamente distinta de lo normal. A continuación, encontrarás una lista de tus responsabilidades para cada papel.

Responsabilidades al hablar

Compártete. No hables de ti mismo (como si estuvieras dando un informe). En lugar de eso, comparte lo que está arraigado en tu cuerpo, lo que supone tu verdad en este momento. No retengas lo que te resulte vulnerable o incómodo de admitir. Arriésgate a divulgar tus imperfecciones y defectos.

Sé dueño de tu realidad. Si algo de lo que dice o hace tu pareja activa una reacción defensiva o una rueda mental de pensamientos negativos, reorienta tu atención al aquí y el ahora. Resiste la tentación de entrar en teorías o historias sobre tu pareja, a menos que las introduzcas con "lo que me he imaginado sobre ti es..." o "la historia que me cuento sobre ti es...". Mantén la atención en ti mismo cuando hables y usa afirmaciones en primera persona. Conecta con lo que está pasando dentro de ti justo ahora (por ejemplo, "siento..., mi interpretación es..., tengo el impulso de..., soy consciente de...").

Permanece centrado en el presente en lugar de en el pasado o el futuro. Es más difícil quedarse atrapado en ciclos de rumiación de culpa, control, preocupación, duda o autocompasión cuando estás en el presente. Si los pensamientos comienzan a girar, trata de ver su contenido y reconocerlos como pensamientos. Si estás hablando sobre algo que ocurrió en el pasado, presta atención a cómo estás experimentando tu recuerdo de ese hecho en tu cuerpo ahora.

Permítete no saber. Comparte reflexiones personales con un final abierto más que verdades absolutas y certezas.

Permítete no saber en lugar de presentarte como alguien omnisciente.

Responsabilidades al escuchar

Conéctate a la tierra. Silencia tu parloteo mental, tus historias, tus interpretaciones y tu pensamiento obsesivo al sentir dónde establece contacto tu cuerpo con la silla o el suelo. Recuérdate la bondad y la humanidad fundamentales de tu pareja. Permanece humilde cuando te veas tentado a creer que sabes más sobre quién es que ella misma. Resiste el impulso de criticar, juzgar, "encontrarle tres pies al gato", negar, controlar o descartar. Date cuenta del impulso de escuchar de forma selectiva o distorsionar las palabras de tu pareja para reforzar la opinión que tienes de ella y libérate de él.

Concentra toda tu atención en tu pareja. Cuando te distraigas con tus propios pensamientos o reacciones, vuelve a comprometerte con tu papel de oyente.

Permanece curioso. En tu pareja siempre hay más de lo que ves. Escucha con la mente abierta.

Confía y permanece en el proceso. Instálate en lo desconocido de lo que sea que surja, por muy desconcertante que pueda sentirse. Renuncia al control por el momento. Deja que lo que es real y verdadero en este momento justo que estás viviendo sea suficiente.

A veces, lo que tu pareja diga elevará tu ansiedad. Si esto sucede, toma nota mental: "Estoy sintiendo un poco de ansiedad". Haz lo que puedas para tranquilizarte (aprenderás formas de lograrlo en los próximos capítulos). Evita sacar conclusiones, fijar las cosas, rescatar a tu pareja o ver su incomodidad como un problema que tú debes resolver. En el papel de oyente, apoyas a tu pareja estando con ella como es, sin tratar de cambiarla.

De *Pensar en* a *Estar con*

Te voy a invitar a que hagas un pequeño, pero radical, cambio en la forma en la que abordas las experiencias internas y externas, en especial aquellas que desencadenan ciclos de rumiación. Pasarás de *pensar en* los momentos que te inquietan a *estar con* ellos.

La mayoría de los músculos que usamos para *pensar en algo* están sobredesarrollados. Por el contrario, los músculos que usamos para *estar con algo* se encuentran infrautilizados. Si nuestra capacidad para pensar en nuestras experiencias estuviera representada por una pierna y nuestra capacidad para estar con nuestras experiencias estuviera representada por la otra, la mayoría de nosotros iría brincando por ahí como niños en una carrera de costales. Nuestra pierna de pensar en algo estaría sobredimensionada e hipermusculada, mientras que la pierna de estar con algo sería delgada y débil.

A muchos de nosotros no se nos enseñó de forma explícita a estar con acontecimientos, otras personas y nuestras propias emociones, sensaciones e impulsos. Cuando un acontecimiento te agarra desprevenido y sientes algo que te desconcierta en el plano emocional o físico, ¿pasas tiempo conscientemente estando con tu experiencia interior? Si tu respuesta es no, entonces eres un ser humano normal del siglo XXI. La mayoría no elegimos conscientemente estar con experiencias desconcertantes. En lugar de eso, tratamos de librarnos de ellas. O, si no, asumimos que nuestra capacidad de estar con todas nuestras experiencias es algo que se da por hecho, al igual que nuestra capacidad de respirar. Pero no lo es. Estar con algo o alguien es una capacidad.

Los mensajes de pensamiento que recibimos de niños nos convierten en adultos que luchamos por estar con nosotros mismos, con personas, con acontecimientos y experiencias que no comprendemos o para los que no estamos preparados. La tecnología moderna tampoco nos ayuda a desarrollar nuestra capacidad de estar con algo o alguien. Pone nuestro pensamiento en hipervelocidad con potentes dispositivos que hacen muchas cosas maravillosas, pero que también pueden avivar nuestra rumiación en las relaciones.

Gracias a la tecnología avanzada, nos hemos vuelto buenos en pensar en problemas y relaciones cada vez más complejos, en resolverlos y gestionarlos. Al mismo tiempo, nos hemos vuelto personas que no siempre sabemos cómo estar con nosotros mismos ni con los demás. Ahora somos crónicamente propositivos. Con tanto que hacer —y en qué pensar— no tenemos mucho tiempo de estar con el exquisito caleidoscopio de experiencias que conforman nuestro mundo interior.

¿Por qué supone esto un problema en las relaciones sentimentales? Cuando no podemos estar con los sentimientos y experiencias, perdemos nuestra afinación natural hacia nosotros mismos, nuestra pareja y nuestra vida. A pesar de vivir juntos, incluso las parejas que se quieren acaban sintiéndose solas, incomprendidas y aisladas el uno del otro. Su capacidad, encogida, de estar con algo o alguien los aprisiona dentro de sus propias burbujas de pensamiento, privadas e invisibles, de miedo, preocupación, juicio e inseguridad.

Estar contigo mismo y con tu pareja es un acto radical.

Pasar de *pensar en* a *estar con* puede ayudarte a ver cuándo estás dando saltos alrededor del pensamiento obsesivo, y así podrás cambiar el peso hacia *estar*. Hacer esto con regularidad fortalecerá tus músculos de *estar con* y te ayudará a lograr un considerable equilibrio. Con el tiempo, alternarás con mayor flexibilidad entre *pensar en* y *estar con* una gama más amplia de experiencias en el aquí y el ahora.

Es posible que ya puedas sentir la diferencia entre estos dos planteamientos. Cuando piensas en algo que te molesta, creas distancia entre lo que estás pensando y tú. Generas más pensamientos al respecto. Pero esta estrategia de distanciamiento tiene un costo. Aunque tus pensamientos sean interesantes y atractivos, no son lo mismo que la experiencia directa. Distanciarte de la realidad con pensamientos negativos repetitivos alimenta la rumiación.

Cuando eliges estar con las experiencias, te acercas más a aquello que te resulta incómodo. También te acercas más a la vida. El conocimiento material que adquieres a partir de una conexión directa con lo que está pasando en el presente puede alinear todos los aspectos sobre ti mucho más que los pensamientos negativos y repetitivos.

Ejercicio individual: Haz el cambio

En un diario, dibuja dos columnas a las que encabezarás con los siguientes nombres: "Pensar en" y "Estar con". Debajo de la columna "Pensar en", escribe "Estoy pensando en" seguido de una breve descripción de algo que te haya molestado recientemente en tu relación. Puedes escribir algo como "el malhumor de mi pareja". Luego, debajo de la siguiente columna ("Estar con"), escribe las palabras "Estoy con" seguidas de la misma descripción breve del mismo acontecimiento que ya pusiste en la columna "Pensar en".

Repite este proceso unas cuantas veces con distintas situaciones o incidentes que te hayan molestado. Cuando termines, lee en voz alta la primera oración que escribiste en la columna "Pensar en". Fíjate en cómo se siente ligar este elemento molesto con el planteamiento de *pensar en*. Luego, lee en voz alta la oración que escribiste en la columna "Estar con". Reflexiona sobre cómo se siente ligar este elemento molesto con el planteamiento de *estar con*.

Observa si puedes detectar alguna diferencia sutil entre estos dos planteamientos cuando los emparejes con cada elemento perturbador. Puedes encontrar un PDF con la plantilla para este ejercicio en <http://www.newharbinger.com/50034>.

Ejercicio individual: Lista de control de los mensajes de estar y pensar

De niños, nuestros padres, cuidadores, maestros, autoridades y medios de comunicación nos enseñaron lecciones de vida. Este ejercicio te ayudará a darte cuenta de si te enseñaron principalmente a estar con tus experiencias o a pensar en ellas.

En un diario, organiza los mensajes que recibiste en dos columnas, una llamada "Mensajes de ser o estar" y la otra "Mensajes de pensar". Puedes haber recibido estos mensajes de forma directa, mediante palabras u órdenes dichas, o de forma indirecta, por medio de comportamientos que viste ejemplificados en personas importantes en tu vida. Escribe cualquier mensaje adicional que recibiste relacionado con estar o pensar debajo del título correspondiente. Puedes encontrar un PDF con la plantilla para este ejercicio en <http://www.newharbinger.com/50034>.

Mensajes de ser o estar	Mensajes de pensar
Simplemente sé tú mismo.	Piensa antes de actuar.
Quédate con las sensaciones.	Piensa antes de hablar.
Fíjate en lo que sientes.	Piensa a lo grande.
Déjate sentir.	¿Quién crees que eres?
Confía en el proceso.	¿Qué crees que estás haciendo?
Centra tu atención hacia el interior.	Reflexiona.
Deja que pase lo que está pasando.	Piensa con atención.
Para aprender se necesita paciencia.	Prepárate para todo.
Deja espacio para lo que surja.	Piensa en el futuro.
Sintoniza contigo mismo con amabilidad.	Reflexiona sobre lo que pasó.
Acéptate tal como eres.	Déjame a mí pensarlo.
La incomodidad es normal.	¿Acaso eres idiota?
Vive la experiencia.	Será mejor que pienses antes de hacerlo.
Está presente sin evitar algo o arreglarlo.	Resuelve el problema.

Ejercicio conjunto: Reflexiones sobre ser o estar y pensar

Revisa la "Lista de control de mensajes de ser o estar y pensar" y marca con un círculo los tres mensajes de pensar que más recibiste al crecer. Reflexiona sobre las siguientes preguntas o escribe tus respuestas en un diario. Si quieres, puedes compartir lo que descubras, basándote en las responsabilidades del hablante y del oyente que se mencionaron antes.

- ¿Qué observaste sobre la cantidad de "mensajes de ser o estar" en comparación con los "mensajes de pensar"?
- ¿Recuerdas cuándo, o quiénes, te dijeron cada uno de los tres mensajes que marcaste con un círculo?
- ¿Recuerdas a qué edad te dijeron cada uno de estos mensajes?
- ¿Qué impacto ha tenido cada uno de estos mensajes en tu forma de afrontar los retos de una relación?

Quizá te preguntes: "¿Un libro que trata sobre el pensamiento obsesivo no nos hará pensar aún más en nuestra relación de lo que ya lo hacemos?". Alguna versión de este tipo de preocupación suele preceder a un replanteamiento del orden establecido o a un cambio. ¡De hecho, este es un buen ejemplo del comienzo de un ciclo de rumiación! Estas son otras versiones de esta preocupación: "¿Por qué no puedo aceptar cómo son las cosas y ser feliz?", "Tal vez estoy haciendo una montaña de un grano de arena", "Otras personas lo están pasando peor que yo", "¿Y si acabo empeorándolo todo al tratar de arreglarlo?".

El propósito de este libro es ayudarte a dejar de pensar demasiado... no a animarte a hacerlo más. Cuando reflexiones sobre los distintos conceptos y temas por medio de los ejercicios, las anotaciones en tu diario o las consideraciones que compartas con tu pareja, el tipo de pensamiento que estarás teniendo no será el mismo que uno obsesivo. Cada vez que reflexiones, o profundices en tu pensamiento, para poder comprender mejor los patrones cognitivos, estarás recurriendo a habilidades de pensamiento saludables, en este caso, autorreflexión adaptativa y metacognición (aprenderás más al respecto en el capítulo 9). El pensamiento obsesivo y la rumiación, por otra parte, son reacciones ansiosas a los detonantes.

Hay mucho en juego cuando parejas ansiosas o infelices mantienen las cosas como están: minimizan, ignoran o niegan el impacto negativo de los pensamientos obsesivos en su historia de amor. Para dejar de rumiar, te invitaré a que hagas un poco de reflexión consciente y saludable sobre tus pensamientos obsesivos. Cuanto más comprendas el proceso de pensar demasiado, mejor equipado estarás para tener menos juicios de ese tipo.

Ahora que ya conoces los costos y las consecuencias de ignorar los pensamientos obsesivos, ¿estás preparado para derrotar al enemigo silencioso del amor? Si pasas la página, tu respuesta es ¡sí!

Capítulo 1

¿Qué es la rumiación en las relaciones?

♥ ♥ ♥

Desde que William perdió su trabajo hace seis semanas, cada mañana cuando se despierta comienza para él un nuevo ciclo de rumiación. "No puedo vivir para siempre de mis ahorros", le preocupa. "A mi edad es imposible encontrar trabajo. Probablemente, mis colegas crean que soy un perdedor. ¿Y si acabo indigente y sin hogar?"

Algunos días, William es capaz de darse ánimos, pedir ayuda a los amigos e investigar sus opciones laborales. Sin embargo, la mayoría de los días cae en ciclos de rumiación centrados en temas predecibles y dolorosos. Si siente que le fue mal en una entrevista de trabajo o si sus colegas no le responden sus correos con la rapidez deseada, William rumia sobre la imposibilidad de que lo contraten. Cuando piensa en su pasado, recuerda sus fracasos y minimiza sus éxitos. Su pensamiento negativo socaba la confianza en sí mismo. Se convence de que no puede confiar en su red de contactos ni buscar ofertas de trabajo.

Ahora, con ese antecedente imaginemos a William en una relación sentimental.

"No puedo vivir para siempre de mis ahorros", se preocupa, mientras escucha cómo Theo tararea bajo la regadera. "Probablemente, mis colegas estén ignorando mis correos a propósito." William está acostado en la cama mirando el techo mientras Theo, que es diseñador gráfico y sí tiene empleo, con un buen salario, se viste para ir a trabajar. Su rueda de la rumiación comienza a girar: "¿Qué va a pasar conmigo? ¿Se ha terminado mi carrera?". Como está en una relación estable, también empiezan a surgir pensamientos sobre su novio. "Solo es cuestión de tiempo antes de que Theo rompa conmigo. Me ve como una carga. Apuesto lo que sea a que se arrepiente de habernos mudado juntos."

—Que tengas un buen día —dice Theo desde la puerta, antes de salir.

—¡Qué fácil es para ti decirlo! —se queja William—. Tú tienes trabajo.

Theo, en su coche, de camino al centro, se pone a soñar despierto con uno de sus atractivos y exitosos exnovios. "¿Para qué me mude con William?", se pregunta Theo. "Se toma todo demasiado en serio. ¿Qué sentido tiene vivir con alguien que no puede dejar de preocuparse nunca?" Sin que ninguno de los dos se diera cuenta de lo que había pasado, el ciclo de rumiación de William había desencadenado una rueda de duelo en Theo.

LA RUMIACIÓN GENERAL FRENTE A LA RUMIACIÓN EN LAS RELACIONES

A la rumiación general a veces se la conoce como pensamiento negativo, preocupación o comerse la cabeza. En los círculos académicos se le llama procesamiento autorreferencial de los rasgos negativos (Mennin y Fresco, 2013). La rumiación general es probablemente el tipo de rumiación del que has oído hablar a la gente en una conversación informal. Es un estilo cognitivo enfermizo compuesto por pensamientos repetitivos arraigados, sobre todo, en acontecimientos pasados. Estos pensamientos se centran en situaciones que lamentamos y no podemos cambiar. La rumiación general puede contribuir a la depresión y la ansiedad, disminuir tu motivación y erosionar la confianza en ti mismo. Aunque la rumiación en las relaciones es parecida a la rumiación general, también difiere en aspectos muy importantes, tal como muestra la historia de William.

Piensa en la rumiación general como el equivalente de una bicicleta. Una persona va en ella. Sin embargo, en la rumiación en las relaciones es como una bici doble. La rumiación general la manejas tú solo, pero la que acontece en las relaciones la manejan tú y tu pareja. Esas bicis tienen el doble de oportunidades de provocar conflictos, pedalear hacia atrás y distribuir mal el peso. En una bici de este tipo, cuando ambos sincronizan su pedaleo, el movimiento hacia delante suele ser con suavidad y rapidez; pero, si uno de los dos se desvía, los resultados pueden ser desastrosos.

Adivina qué ocurre si uno de los dos pedalea sin darse cuenta de que la cadena se salió de los platos. La otra persona tiene que pedalear con el doble de esfuerzo para lograr que la bicicleta siga avanzando. Si ambas cadenas se salen y los dos siguen pedaleando sin lograr ninguna tracción, la bicicleta enseguida se desplomará. Eso es lo que ocurre cuando las parejas rumian.

Al igual que ocurre con la rumiación general, cuanto más sobrepienses en tu relación, más influirán tus pensamientos negativos en tu estado de ánimo y tu conducta. Pero la rumiación en las relaciones no solo te impacta a ti. El pensamiento negativo y repetitivo contamina el espacio físico, mental y emocional que compartes con tu pareja. Se escapa de tu mente. Esto ocurre de tres formas: a nivel expresivo, por medio de omisiones tóxicas y a nivel energético.

Fugas expresivas

Aunque nuestros pensamientos parezcan ocultos, los comunicamos de formas no verbales. Colorean nuestra forma de expresarnos, lo pretendamos o no. Se transmiten mediante nuestra elección de palabras, acciones, comportamientos, gestos y expresiones faciales, y en la manera en la que formulamos las ideas. Se revelan en los temas en los que nos concentramos o en los que ignoramos.

Cuando Lisette ve a una madre abrazando a su bebé en el área de juegos de un parque, recuerda a su madre, quien está recibiendo quimioterapia para superar un cáncer de mama. También comienza a pensar en cuánto desea tener un hijo. Cuando llega a casa, comparte esta experiencia con Manuel, con los ojos llenos de lágrimas. Manuel se para y se va de la sala, murmurando: "Voy por pañuelos".

Una de las ruedas de rumiación ya familiares para Lisette comienza a girar. "Es inútil contarle nada. No le interesa. No puedo confiar en él para que me escuche o comprenda lo que necesito. Probablemente, ni siquiera quiera tener hijos. Está en su mundo." Esta rueda en particular hace que a Lisette le resulte difícil ver en realidad cuánto se preocupa Manuel por ella.

Cuando él regresa con los pañuelos, Lisette evita el contacto visual y dice, con frialdad:

—Gracias.

—¿Hice algo mal? —pregunta Manuel, sorprendido.

Lisette niega con la cabeza.

—Solo estoy cansada —dice—. Me voy a la cama.

Las parejas sensibles se dan cuenta de que estamos rumiando con mayor frecuencia que aquellas menos sensibles. Captan la carga emocional en las palabras que usamos al hablar, en nuestro lenguaje corporal al movernos, en nuestras expresiones faciales y en nuestra conducta. Todas las parejas —incluso las menos sensibles— lo notarán algunas veces. La conexión compartida te conecta con los cambios de energía sutiles y no tan sutiles creados por tus pensamientos.

Fugas de omisiones tóxicas

Tus pensamientos obsesivos pueden propagarse mediante actos de omisión. Un acto de este tipo se produce cada vez que reprimes o retienes a tu auténtico yo. Cuando tratas de controlar las reacciones y respuestas de tu pareja en una relación que, por lo demás es sana, filtrando u ocultando información importante, estás creando omisiones tóxicas.

Si actúas como si escucharas cuando en realidad estás distraído, estás dejando escapar omisiones tóxicas. Le arrebatas a tu pareja información que necesita para que tome una decisión informada sobre si seguir hablando o no. También dejas escapar omisiones tóxicas cuando te crees pensamientos negativos repetitivos sobre la necesidad de retener la verdad en lugar de compartir algo complicado con honestidad.

Margo se va a tomar un vino con una atractiva colega después del trabajo sin decírselo a su novia Kerri. Justifica su decisión de mantener el encuentro en secreto: "Es mejor que Kerri no sepa todo lo que hago. La privacidad no es lo mismo que el secretismo. Así no se pondrá celosa. No es ninguna aventura. Solo lo exageraría".

Cuando Margo llega a casa del trabajo, abraza a Kerri y le dice:

—Estoy feliz de verte.

—Pensé que llegarías antes —murmura Kerri.

—No pareces muy contenta de verme —dice Margo, molesta.

—Claro que sí —responde Kerri, asombrada por su propia tristeza.

Fugas de energía

Una de las maneras más poderosas en la que los pensamientos obsesivos se escapan de la mente es en forma de energía. Nos da una sensación que no podemos explicar. Hay una contradicción entre las palabras de nuestra pareja y lo que parece, o entre lo que queremos creer y lo que sentimos y observamos.

Los pensamientos se manifiestan en las ondas cerebrales como una forma de energía electromagnética y, por tanto, tienen una masa, aunque muy pequeña (Das, 2020). ¿Es demasiado descabellado suponer que nuestros pensamientos —una forma sutil de energía— no se desvanecen completamente cuando los pensamos? Puede ser. Pero según la primera ley de la termodinámica, la energía solo se transforma, no se destruye. Si alguna vez has frotado un globo contra el antebrazo, probablemente habrás notado que una carga invisible te eriza los vellos de la piel. ¿Y si la energía de tus pensamientos también se transmite de formas que se ven y no se ven, ya sea a través de una "carga" invisible o por medio de tu tono de voz, tus expresiones faciales, movimientos y comportamientos?

Lisette ha apagado las luces y se ha ido a la cama. Manuel está acostado en la oscuridad a su lado y susurra: "Oye, ven aquí".

Aunque Lisette no ha dicho nada más sobre la madre y el bebé, sigue rumiando sobre lo poco que se puede confiar en Manuel. "No me comprende. No se da cuenta de nada. No tiene ni idea de lo mal que me siento por mi madre. Su madre está sana. No se preocupa por mí en absoluto." Estos pensamientos negativos refuerzan sus miedos e inseguridades.

Cuando Manuel la invita a que se acerque, ella se convence a sí misma de que solo está siendo cariñoso por compasión.

Lisette se desliza por el colchón. Aunque quiere besar y abrazar a Manuel, sus pensamientos cíclicos se lo impiden. "Probablemente ya no me encuentra atractiva", piensa. "He engordado. A él le gustaría que fuera más delgada. Apuesto a que está encantado de que las luces estén apagadas."

Manuel escucha suspirar a Lisette. Su deseo momentáneo de intimidad y cercanía se desvanece. Se siente distanciado de ella. No está seguro de lo que acaba de pasar ni del porqué. El ambiente está enrarecido.

Ejercicio individual: Cuestionario de rumiación en las relaciones

Utiliza este ejercicio para aumentar tu conocimiento del papel que desempeña la rumiación en tu relación. En un diario, escribe los números del 1 al 30 en una columna, con cada número en su propia línea. Luego, lee cada afirmación que aparece en la lista a continuación y anota cómo comenzarías cada oración mediante la escala numérica. Elige la respuesta que se corresponda mejor con lo que en verdad haces y no con lo que piensas que deberías hacer. Para descargar este cuestionario en PDF visita <http://www.newharbinger.com/50034>.

Nunca (0), A veces (1), A menudo (2), o Siempre (3):

1. ☐ Pienso que puedo convencer a mi pareja para que actúe de cierta forma conmigo.

2. ☐ Pienso: "A lo mejor me deja si no encuentro un modo de hacer que se quede".
3. ☐ Pienso: "Debería terminar con esto ahora, porque voy a decepcionar a mi pareja".
4. ☐ Pienso en todas las formas en las que podría haber manejado mejor algunas situaciones pasadas como pareja.
5. ☐ Pienso: "Si fuera mejor en las relaciones, no sufriría".
6. ☐ Pienso: "Todos los demás están mejor con sus parejas que yo con la mía".
7. ☐ Analizo las acciones de mi pareja, sus palabras y su conducta.
8. ☐ Me analizo, analizo mis acciones, mis palabras y mi conducta en la relación.
9. ☐ Le oculto a mi pareja mis pensamientos, porque son demasiado negativos.
10. ☐ Pienso en temas dolorosos sin compartir mis pensamientos con mi pareja.
11. ☐ Pienso: "Mi pareja es demasiado negativa, y debería ser más positiva".
12. ☐ Comparto demasiado con la esperanza de que nos acerque, y luego me cuestiono qué o cuánto he compartido.
13. ☐ Pienso que otras parejas son más felices que nosotros.
14. ☐ Paso mucho tiempo descifrando las intenciones de mi pareja.
15. ☐ Paso mucho tiempo descifrando mis propios deseos.

16. ☐ Fantaseo con ir a algún lugar en soledad donde me olvide de mi relación.
17. ☐ Fantaseo con volverme más atractivo o exitoso para que mi pareja me ame más.
18. ☐ Paso mucho tiempo comparándonos con una mejor relación pasada.
19. ☐ Imagino futuros escenarios tristes con mi pareja basándome en escenarios tristes del pasado.
20. ☐ Pienso: "Hay algo malo con la forma en la que pienso en nosotros".
21. ☐ Pienso: "No es justo que nuestra relación sea tan complicada".
22. ☐ Pienso: "Debería ser más feliz de lo que soy con mi pareja".
23. ☐ Pienso: "Mi pareja debería ser más feliz conmigo".
24. ☐ Pienso: "Hay algo malo en mí como pareja".
25. ☐ Pienso: "Hay algo malo en la otra persona como pareja".
26. ☐ Pienso: "No puedo funcionar en esta relación".
27. ☐ Pienso: "Hemos pasado momentos malos y van a volver a pasar".
28. ☐ Me enojo conmigo por hacernos caer.
29. ☐ Me enojo con mi pareja por hacernos caer.
30. ☐ Pienso: "No puedo soportar el estrés que me provocan mis pensamientos obsesivos o los de mi pareja".

Haber obtenido muchos 2 y 3 sugiere más pensamientos obsesivos. Una mayoría de 0 y 1 sugiere menos. Aunque después de hacer este ejercicio estés más cerca de percibir las distintas formas que puede adoptar la rumiación en las relaciones, puede seguir siendo difícil detectar cuándo se produce, sobre todo en el momento.

POR QUÉ ES DIFÍCIL DE DETECTAR

En terapia, una de las primeras cosas que les pido a las parejas es que identifiquen su problema. Lo que la pareja identifica como su problema influye en las estrategias que usan para resolverlo. Cuando algo no funciona, tienes que descubrir lo que está mal antes de buscar soluciones.

Si le pides a un contratista que arregle una mancha amarilla en el techo, el profesional buscará lo que la creó antes de aplicar una capa de pintura fresca. Cuando hay una mancha en el techo, el problema parece ser externo. La mancha se ve mal. Pero como quizá podría haber una tubería goteando en las paredes, lo que no hace el contratista es aplicar inmediatamente una capa de pintura y esperar que todo vaya bien. En lugar de eso, piensa en cómo puede haber llegado la mancha allí. ¿Habrá estallado alguna tubería? ¿Está filtrándose el agua de lluvia en las paredes? ¿La casa necesitará un tejado nuevo? ¿Habrá ocurrido algo con un conducto o la ventilación? Busca la causa principal. Si el contratista pasa por alto o ignora una mancha en el techo, o pinta encima cuando vuelve a surgir, está exponiendo al cliente a un problema mucho mayor en el futuro (Shapiro, 2019).

Del mismo modo, el problema externo que percibes en tu relación puede ser un síntoma de causas internas. Puede que identifiques tu conflicto como un problema de comunicación porque tu pareja llega tarde, aunque había quedado en que iba a llegar a tiempo. Si se lo dices, es posible que se ponga a la defensiva y te acuse de hacer una montaña de un grano de arena. Pero el supuesto problema de comunicación puede que no tenga que ver con sus acuerdos superficiales. Su problema como pareja puede deberse menos a las palabras que dices y más a las suposiciones, las expectativas, los sentimientos, las necesidades y los miedos tácitos que no estás tratando abiertamente.

Profundizar puede ser difícil. Implica rendirse a un proceso que no controlas del todo y no puedes predecir. Exige una voluntad de abrirse a descubrimientos incómodos. Rendirse y abrirse a lo desconocido son experiencias vulnerables. Para la mayoría de nosotros, nunca es fácil aventurarse en territorio desconocido donde pueden acechar espectros oscuros, olvidados o desagradables. Sobre todo, si estamos ansiosos o experimentamos estrés, es posible que definamos nuestros problemas de formas simplistas que nos consuelen con la promesa de soluciones fáciles y rápidas.

El miedo a lo desconocido —y un deseo de consuelo y alivio— nos confunde y nos lleva a adoptar "soluciones" prematuras ante los problemas en la relación. Nos concentramos en las palabras que decimos y en las de nuestra pareja o reconsideramos los acuerdos que tomamos y rompimos. Identificamos erróneamente el problema como comunicación deficiente o una falta de oportunidad, un defecto de carácter en nosotros mismos o en nuestra pareja, o un error del pasado que cometió y que no podemos olvidar. Nos convencemos de que todo estaría bien si nuestra pareja pudiera decir lo correcto de la forma oportuna.

Pero cuando ignoras o minimizas las causas internas o los factores que contribuyen a los problemas en la relación —pensamientos, suposiciones, expectativas, sentimientos, necesidades y miedos— tus soluciones no funcionan. Esto se debe a que estás haciendo lo equivalente a pintar sobre la mancha en el techo sin arreglar antes las tuberías rotas o el techo defectuoso. Si tú y tu pareja se han encontrado luchando para solucionar un problema complicado que sigue apareciendo una y otra vez a pesar de sus esfuerzos por resolverlo, es posible que una causa oculta sea la rumiación en la pareja. Los siguientes apartados explican cuatro de las principales razones por las que es difícil reconocer la rumiación en las relaciones, y ofrecen algunos consejos sobre qué se puede hacer para detectarla más a menudo.

Las defensas son invisibles

En todos los modelos de terapia, tanto si se centran en los pensamientos como si se centran en las emociones, la rumiación funciona como una defensa. Las defensas son estrategias de afrontamiento mentales o conductuales que se emplean para evitar otras experiencias. Son como las maniobras de distracción en las novelas de misterio. Las maniobras de distracción son pistas engañosas o distractoras que desvían la atención del lector del acontecimiento o enfoque principal.

Los pensamientos obsesivos te distraen de tu propia vulnerabilidad. Si no te tomas el tiempo o no haces el esfuerzo por reconocer tus defensas, es probable que no las veas. Las defensas que se pasan por alto se disfrazan de una parte fija y permanente de quién eres, como tu estatura o el color de tus ojos. Cuando decides prestar atención a las defensas que utilizas, puedes comenzar a verlas con mayor claridad. Son pistas de la vulnerabilidad que está escondida tras tu pensamiento obsesivo.

Supongamos que tu novia no ha respondido a un mensaje que le enviaste hace seis horas. Estás molesto y piensas:

"¿Qué está haciendo? ¿Se ha olvidado de mí? ¿Me está haciendo *ghosting* a propósito? Pensaba que había disfrutado de nuestro fin de semana igual que yo. ¿Ya se ha cansado de mí?". Lo haces sin siquiera saber cómo te sientes sobre el retraso de su respuesta a tu mensaje. El pensamiento negativo repetitivo empieza a hacer efecto como una defensa contra tus propias emociones. Al contarle a un amigo sobre tu fin de semana con tu novia, te centras en todas las formas en las que te decepcionó.

—¿La extrañas? —te pregunta tu amigo de repente. La pregunta te descoloca... pero solo por una fracción de segundo. Inmediatamente suprimes las emociones incómodas que preferirías no sentir.

—¡Claro que no! —dices, riéndote—. Estoy mejor solo. No estoy listo para sentar cabeza.

Pero ¿qué pasaría si respondieras de otra manera la pregunta de tu amigo?

Exhalas, te permites sentir lo que se encuentra bajo la niebla de pensamientos negativos y te imaginas respondiéndole a tu amigo con la siguiente afirmación:

—Pues mira, sí la extraño.

Tu amigo asiente. Estás confirmando algo que presentía.

—Quizá por eso me estoy centrando en todo lo malo en estos momentos —podrías continuar—. Odio admitirlo, pero me siento solo sin ella. No es una buena sensación.

Cuando te permites experimentar tus verdaderos sentimientos, por muy incómodos que sean, te abres a una nueva posibilidad. Los pensamientos obsesivos sobre tu novia son una protección contra la angustia y la nostalgia. Como puedes verla y sentirla, tus pensamientos negativos repetitivos no se convierten en la lente por la que la ves y niegas lo que es verdad para ti.

No se da importancia a la rumiación como un problema de pareja

La mayoría de la gente no sabe lo que está viendo cuando se trata de las "manchas en el techo" provocadas por el pensamiento negativo repetitivo. Hasta los terapeutas de parejas hablan rara vez sobre la rumiación en las relaciones como un problema de pareja compartido. Si acaso se menciona el pensamiento obsesivo, este es problema de una persona: el rumiante. Esto se debe a que el pensamiento negativo, el pensamiento distorsionado y la rumiación se ven como las cuerdas de los pensamientos reflexivos en la mente de una persona, son responsabilidad del rumiante, y no un problema de la relación, ¿cierto?

Falso.

Pongamos como ejemplo a Eddie y Chandra. Ninguno tiene claro dónde vivirá después de graduarse en Enfermería por la West Coast University, donde se conocieron. Cada vez que Chandra le dice a Eddie que lo ama, él comienza a obsesionarse pensando: "¿Qué es lo que quiere de mí? ¿Acaso cree que estaré de acuerdo en mudarme a Chicago? Probablemente está tratando de lanzarme el anzuelo. Apuesto lo que sea a que no me diría que me ama si supiera lo asustado que estoy. No tardaré mucho en decepcionarla".

Eddie suele rechazar las muestras de afecto de Chandra hacia él. Bromea y dice que está saliendo con una tarjeta de felicitación andante. En consecuencia, Chandra deja de expresar su afecto. "Supongo que no debería abrirme tanto con él", piensa. "Tal vez no me cree. O quizá no se toma lo nuestro tan en serio como yo." Cuando Chandra deja de decir "te amo", esto desencadena más pensamientos obsesivos en Eddie: "Sabía que no lo decía en serio. Al final uno siempre está solo. Por eso es mejor no confiar en nadie".

Si consideramos la rumiación de Eddie como un problema exclusivamente suyo, que no tiene que ver con su relación con Chandra, podríamos decir que tenía problemas de confianza o miedo al compromiso. Si consideramos la rumiación de Chandra por separado de su relación con Eddie, podríamos llegar a la conclusión de que tenía baja autoestima y no podía decir lo que pensaba o hablar con mayor honestidad. Pero, aunque Eddie tenga problemas de confianza e incluso si Chandra lucha con su autoestima y con decir lo que piensa, lo que alimenta sus problemas como pareja es la forma en la que rumian.

Probablemente estarás de acuerdo conmigo cuando digo que tus pensamientos influyen en tus palabras, acciones y lenguaje corporal. De lo que puede que no seas tan consciente es de cómo impacta tu rumiación tanto en ti como en tu pareja. En cuanto se considere la rumiación en la relación como un problema compartido por la pareja, ya no se tratará de culpar a la otra persona o señalar con el dedo. Se volverán aliados, sin importar quién esté pensando más de la cuenta de un día para otro.

Es pensamiento, no conducta

Los pensamientos no son visibles. No podemos observarlos de la misma forma en la que observamos los objetos físicos o los acontecimientos que suceden en el mundo externo. No podemos catarlos, oírlos, olerlos ni tocarlos. Son más difíciles de percibir. La mayor parte del tiempo, cuando pensamos algo, nos quedamos atrapados en el flujo de pensamientos en nuestra mente como si estos fueran realidad en lugar de pensamientos sobre la realidad. A menudo nos fusionamos con nuestro pensamiento y lo confundimos con verdades absolutas. En la terapia cognitivo-conductual, este fenómeno tiene un nombre: *fusión cognitiva.*

La fusión cognitiva hace que la rumiación sea difícil de detectar, porque estamos tan dedicados a creer en nuestros pensamientos que no reconocemos que, de hecho, son interpretaciones. Si sabemos que nuestros pensamientos no son representaciones exactas de la realidad solo porque los pensemos, podemos comprobar su precisión antes de creerlos. Podemos considerar pensamientos alternativos que puedan ser tan ciertos como los que estamos teniendo... o incluso más. Esto puede ayudarnos a proteger nuestra relación del torrente de falsedades que nuestras mentes crean reflexivamente a través de pensamientos negativos y repetitivos.

Una forma de comenzar a detectar la rumiación es distinguir entre dos tipos distintos de pensamiento: el activo y el pasivo. El pensamiento activo y dirigido muy pocas veces es un pensamiento obsesivo. El pensamiento pasivo y automático, por el contrario, es el pan nuestro de cada día de la rumiación.

El pensamiento activo surge de una decisión consciente de abordar un problema, seguir una intención, crear algo o comprender un problema con mayor profundidad. Implica voluntad y atención. Tienes un deseo de lograr un objetivo, y aprovechas tus poderes cognitivos para ayudarte a conseguirlo. Las secuencias de pensamientos que te han llevado a salir en busca de este libro son ejemplos de pensamiento activo. Quieres mejorar tu relación y reducir la rumiación, por lo que piensas activamente en distintas opciones y das los pasos necesarios para avanzar hacia tu objetivo.

En cambio, el pensamiento pasivo funciona por su cuenta. Está ahí seas o no consciente de ello. Va siseando por ahí como una fuga de gas doméstico. A veces, el pensamiento pasivo está ahí como si fuera un parloteo reactivo y confuso que te dificulta cosechar los beneficios de los pasos positivos que das. A veces está ahí en una niebla de imágenes, historias y emociones vagas. Ahora mismo, conforme vas leyendo, es posible que tengas pensamientos pasivos en el fondo de la mente de los que apenas eres consciente. "¿Leer un libro como este logrará que cambie? ¿Y si cambio yo y mi pareja no? No estoy seguro de poder esperar mucho más para que mejoren las cosas."

La rumiación en las relaciones es pensamiento pasivo. Los pensamientos pasivos circulan por la mente mientras tu atención permanece dispersa o centrada en algo externo. Por ejemplo, es posible que tu pareja pregunte: "¿Cómo es que no pasamos nada de tiempo juntos?".

Un tercio de tu atención puede estar en su postura rígida y su expresión facial tensa; otro tercio en su tono de voz y sus palabras; y el último tercio en hojear un menú de comida para llevar mientras piensas en qué pedir para cenar.

Puede que seas poco consciente (o nada en absoluto) de los pensamientos pasivos que circulan por tu mente, desencadenados por las palabras de tu pareja. Sin embargo, esos pensamientos están allí, influyendo sigilosamente en la situación: "¿Qué hice mal? ¿Por qué siempre es infeliz conmigo? ¿Por qué no puede dejar las cosas como están sin quejarse?". Tus pensamientos pasivos moldearán la forma en la que hables y actúes con tu pareja.

Pensamos que es útil

Impregnar tantos mensajes de pensamiento durante décadas puede convertir a este último en nuestra respuesta automática ante la vida. Como es el aire que respiramos, no la cuestionamos como una estrategia eficaz de afrontamiento.

Muchas personas confunden el pensar demasiado con algo útil, porque algunos estilos de pensamiento pueden serlo. Las estrategias de pensamiento como la autorreflexión adaptativa, la resolución de problemas y la reevaluación positiva (para más información al respecto véase el capítulo 9) nos ayudan a superar los retos y ocuparnos de los problemas. Pero cuando el pensamiento positivo se desvía por pensar demasiado y se convierte en rumiación, puede ser difícil distinguir entre los estilos de pensamiento útiles y los inútiles. Aprender de las experiencias difíciles o dolorosas repasándolas mentalmente es una habilidad importante. También lo es evaluar las posibilidades futuras. Pero deprimirse porque no puedes dejar de revivir el pasado te hace daño. También lo hace elevar tu nivel de estrés al imaginar todo lo que puede ir mal en el futuro.

Mucha gente se convence de que los mensajes negativos y repetitivos en sus ciclos de rumiación la motiva a conseguir cosas importantes. He escuchado decir esto a pacientes que viven dentro de una mente en la que un flujo incesante de juicios y culpas hacia sí mismos los empuja a "hacer las cosas bien" y "ser mejores". Las formas compasivas de motivación personal pueden resultarte ajenas si algún miembro de tu familia u otra persona influyente te convenció de que la preocupación y la autocrítica son formas aceptables de mejorar y superar dificultades.

Pero la verdad es que las personas tienen éxito en la vida y en el amor a pesar de la rumiación, no a causa de ella.

Entonces, si rumiar no es útil, ¿por qué lo hacemos?

LA CONEXIÓN AMENAZANTE

Cuando rumiamos, suele ser porque nos sentimos amenazados por algo. Nuestra mente asocia algún acontecimiento interno o externo, persona o situación con el peligro. A esta asociación con el peligro la llamo la conexión amenazante. Esta opera de forma inconsciente, y es lo que activa nuestros detonantes, que son tipos específicos de aportes sensoriales (imágenes, sonidos, palabras, olores, acontecimientos, situaciones o personas) que se sienten amenazantes por lo que asocias inconscientemente a ellos. Normalmente, los detonantes hacen que reacciones de manera emocional, lo que distorsiona tu comprensión de lo que está ocurriendo en realidad (los analizaremos con más detenimiento en el capítulo 5). La conexión amenazante lo logra al conectar un acontecimiento interno o externo con experiencias internas olvidadas, descartadas o no deseadas por cualquier otro motivo. Dicho de otro modo, la conexión amenazante crea nuestros detonantes al correlacionar una persona, una experiencia o un acontecimiento con una (o más) de nuestras vulnerabilidades.

Se podría ejemplificar el funcionamiento mediante una sencilla ecuación que podría verse así:

Acontecimiento interno o externo + conexión amenazante activada = detonante

Los detonantes pueden ser sensaciones, objetos o acontecimientos (Pittman y Karle, 2015). Con frecuencia, en cuanto se activa una amenaza, desencadena ciclos de rumiación. Si tienes un dolor agudo en la espalda y pasas con el coche frente a un hospital, se puede activar una conexión amenazante y desencadenar un ciclo de pensamientos obsesivos. "¿Y si mi marido se enferma? ¿Cómo sobreviviré si algo le ocurre? Ni siquiera sé llenar el tanque de gasolina del coche sin su ayuda. Ojalá fuera más independiente. Dios mío, soy patética." Comer fresas también puede activar una conexión amenazante y desencadenar una desalentadora secuencia de pensamientos parecida. "¡Ay, no, olvidé desinfectar estas fresas antes de comérmelas! Las llenan de pesticidas. ¿Cómo he podido ser tan estúpida? ¿Y si me enfermo por habérmelas comido?"

Las conexiones amenazantes son personales y subjetivas. Sacan a la luz peligros que asocias con una sensación, un objeto, una persona, una experiencia o un acontecimiento. Cuando un detonante se correlaciona con algo que evoca amenaza en tu mente, dos racimos de núcleos dentro del cerebro llamados amígdalas cerebrales (a las que en este libro llamaremos simplemente "amígdala") hacen sonar una alarma. La amígdala avisa del peligro a otras estructuras cerebrales conectadas con tu sistema nervioso autónomo. Esto sucede casi instantáneamente.

Para la amígdala las cosas son claras: o estás a salvo o en peligro. Recibe aportes sensoriales de otras partes del cerebro. Se comunica con el sistema nervioso simpático y el parasimpático, asociando un mensaje de alerta roja a los estímulos que ha aprendido a considerar peligrosos. Este mensaje se envía después a los sistemas motores del cerebro y al hipocampo. En *Compórtate,* Robert Sapolsky (*Behave: The Biology of Humans at Our Best and Worst*, 2017) escribe: "En momentos de temor extremo, la amígdala arrastra al hipocampo a un tipo de aprendizaje del miedo" (p. 42).

Tu amígdala no entiende de tiempo, ni la diferencia entre realidad e imaginación ni escalas de intensidad, grado o probabilidad. Registra el peligro cuando hay una correspondencia suficiente entre un detonante actual y algo que fue amenazante en el pasado. Para la amígdala, una correspondencia suficiente no tiene por qué ser para nada estrecha. Peca de precavida.

¿Cómo funciona la conexión amenazante en las relaciones sentimentales?

Imagina que estás sentado con tu pareja en una mesa de una cafetería una soleada mañana de sábado. Una mesera anota tu pedido, alegre. Cuando se aleja, tu pareja se inclina hacia ti y susurra: "¿No crees que se parece a Gal Gadot?".

La amígdala conecta este comentario con experiencias pasadas que te llevaron a sentirte insegura de tu atractivo, y asocia una alerta roja al comentario de tu pareja. Antes de que te des cuenta del detonante, tu amígdala despliega una reacción en cadena de respuestas protectoras y defensivas (Pittman y Karle, 2015). Tu ritmo cardiaco se acelera, y aumenta tu presión sanguínea. Se derraman sustancias neuroquímicas en tu torrente sanguíneo.

La misma información que parte de tu amígdala llega también a tu corteza cerebral, unos milisegundos después. Para cuando tu mente racional se sincroniza con lo que está pasando en tu interior, tu cuerpo ya se ha alistado para pelear, paralizarse o huir. Este es el momento en el que la rumiación entra en acción. Al sentir la ansiedad corporal, la corteza cerebral usa sus capacidades cognitivas para controlar, gestionar y darle sentido a una experiencia interna de peligro sin forma. ¿Cómo ejerce el control tu mente? Adivínalo.

Acertaste. Mediante el pensamiento obsesivo.

Desafortunadamente, una vez que la amígdala ha decidido que algo es peligroso, es difícil ser objetivo en el momento. Tu conexión amenazante no para de actuar. Percibes todo lo que te rodea a través de una envolvente niebla de temor. De repente, la alegre mesera que tomó tu orden es presumida y malvada, como si supiera que puede robarte a tu pareja con un guiño y una sonrisa. Por tu mente pasan pensamientos como: "¿Por qué está mirando a la maldita mesera? Se supone que este es un tiempo para nosotros. ¿Cómo se atreve a mirar con lascivia a otras mujeres? Debería levantarme e irme. Ni siquiera le importa que estemos en público. Es humillante. ¡No me respeta!".

Cuando te encuentras en un estado de ansiedad leve, la sensación de estar en peligro impacta en tu estado de ánimo, en el sistema nervioso, la circulación, la respiración y el tono muscular. Si el rostro de tu pareja es neutral cuando se inclina hacia ti en la mesa, ya no lo percibirás así en cuanto tu amígdala haya marcado su comentario sobre la mesera con una alerta roja. Desde ese momento, estás preparada para malinterpretar su expresión facial como hostil, burlona o indiferente.

Ciertos hallazgos revolucionarios en biología molecular han demostrado que los mensajes transmitidos por nuestros pensamientos nos moldean a nivel celular (Lipton, 2015). La medicina moderna y las nuevas tecnologías han permitido descubrir a los científicos y los investigadores la forma en la que nuestros pensamientos afectan al cuerpo y al cerebro. Cuando crees que estás en peligro, el sistema nervioso simpático se moviliza. La regulación del oído medio cambia a tonos más bajos y más altos. Estos son los tonos de la depredación y la angustia (Dana, 2018). En otras palabras, cuando te sientes amenazado, tienes más probabilidad de percibir el mundo que te rodea como algo amenazante... aunque no lo sea.

Ahora, imagina que en lugar del comentario sobre Gal Gadot, tu pareja susurra: "Eres preciosa".

Qué comentario tan dulce, ¿verdad? ¿Qué tiene de peligroso un piropo? A menos que crecieras con unos padres moralistas que insistían en que las malas personas se centran en el atractivo físico. En ese caso, tu amígdala puede llegar a registrar un piropo bien intencionado como una amenaza. Antes de que te des cuenta, se enciende la señal de alerta roja de la amígdala, experimentas el comentario de tu pareja como un detonante, y comienza a surgir una sutil respuesta de pelea, huida o parálisis. Puede que, para soportar tu incomodidad, te pongas a rumiar sobre las palabras de tu pareja y sus intenciones. "¿Está siendo sincero? ¿Y si me está manipulando? ¿Pero y si solo me ama ahora por cómo me veo y no por quién soy? ¿Y si un día decide que ya no soy preciosa? ¿Me dejará?"

En este caso, la conexión amenazante pasa por recuerdos incómodos, anhelos, impulsos, sueños y remordimientos conectados a tus padres moralistas y a la forma en la que te educaron en relación con tu atractivo físico. Es posible que te pongas a rumiar sin darte cuenta de que tu amígdala ha relacionado el piropo de tu pareja con tu pasado de una forma que se siente amenazante.

La mayoría de las personas somos bastante buenas para reconocer formas drásticas de pelea, huida y parálisis. Estamos familiarizadas con las reacciones de pelea a gritos o puñetazos, o la postura agachada de un soldado para evitar que lo detecten. En una reacción común de huida, los héroes de las películas se lanzan de trenes, coches o autobuses para escapar de los villanos. Pero ¿qué pasa cuando llegamos tarde a casa de un concierto y vemos a nuestra pareja abatida? ¿O con el impulso de comenzar a limpiar el cajón de la cocina donde tenemos todo lo que no sirve para nada en cuanto nuestra pareja menciona su reloj biológico? ¿O cuando nos sentimos indiferentes en respuesta a la emoción de nuestra pareja tras haber ganado un premio? ¿O la tensión visible en la mandíbula de nuestra pareja cuando mencionamos bromeando una fantasía sexual que nos gustaría probar?

Aunque estas reacciones de pelea, huida y parálisis no son tan obvias ni drásticas como dar puñetazos, saltar de los coches y asumir una postura rígida, siguen siendo señales de una conexión amenazante activa. Merece la pena sentir curiosidad por ellas. Si no sabes por qué tu amígdala le asigna una alerta roja a algo que dice o hace tu pareja, pregúntate: "¿Me estoy sintiendo un poco amenazado en este momento?".

Ejercicio individual: Céntrate en una respiración

Una manera de lograr que la alerta roja de la amígdala pase a alerta amarilla es la relajación. Se puede empezar concentrándose en una respiración... la que estás experimentando justo ahora. Comenzar con una respiración hace que esta práctica sea sencilla y fácil de recordar. Mientras sigas vivo, seguirás respirando, por lo que siempre hay una respiración con la que trabajar.

Ya sea que te centres con una, tres o cincuenta respiraciones consecutivas, te estás concentrando en la respiración que estás experimentando en el aquí y el ahora. Uno no se centra justo con la respiración que acaba de hacer, ni con la que está a punto de llegar. Sucede mientras lees esta oración. La única respiración que puedes tomar ocurre en el presente.

No te preocupes en hacer "correctamente" esta práctica. Prestar mucha atención a una sola respiración, de principio a fin, puede ser el primer paso que des para estabilizarte en tu cuerpo y en el momento presente cuando algo te provoque o te des cuenta de que estás rumiando. Encontrarás una grabación de esta práctica en <http://www.newharbinger.com/50034>.

Comienza cerrando los ojos y respirando por la nariz. Sin cambiar nada en la forma en que respiras, observa el aire entrando y saliendo de tus fosas nasales. Presta atención a una inhalación desde el microsegundo que empieza hasta que termina. Acoge, en la medida de lo posible, las sensaciones físicas que acompañan a esta inhalación. Algunas de las sensaciones que puedes notar son:

- una leve sensación de calidez o frescor en el contorno de las fosas nasales
- un ligero cosquilleo en las cavidades nasales
- una sutil expansión de los pulmones
- la elevación y expansión de las costillas
- un momento casi imperceptible al final de la inhalación donde no pasa aire

Ahora, presta atención a la exhalación que sigue a esta inhalación. Si te has distraído o has perdido la concentración, no te preocupes. Presta atención a la siguiente exhalación en la que puedas concentrarte. Concéntrate en la experiencia física de la exhalación desde su inicio hasta su final. Permite que la experiencia se desarrolle sin esfuerzo. Algunas de las sensaciones que puedes notar son:

- por encima del labio, el ligero roce del aire abandonando tu cuerpo por las fosas nasales
- una sutil contracción de los músculos del pecho
- una sensación de fijación en los hombros
- un momento casi imperceptible al final de la exhalación donde no pasa aire

BENEFICIOS A CORTO PLAZO DE LA RUMIACIÓN

Si la rumiación no tuviera beneficios, no recurriríamos a ella. En primer lugar, reduce temporalmente la ansiedad. En segundo, nos da una ilusión de control. En tercero, nos resulta familiar.

Como nadie queremos experimentar incomodidad, tratamos de escapar de ella. Como ya vimos, una forma sencilla y socialmente aprobada de escapar de la incomodidad es mediante los pensamientos obsesivos. Si nuestra mente no puede controlar una situación incómoda, pero tampoco queremos estar con ella, rumiamos.

Analicemos con más detalle cada uno de estos beneficios a corto plazo. De esta manera, sabrás a qué falsos consuelos estás renunciando cuando interrumpas tus pensamientos obsesivos.

Reduce la ansiedad

El término *rumiación* proviene del verbo "rumiar", y este de la palabra latina *rumigare*, que significa "masticar el bolo alimenticio" o "considerar despacio y pensar con reflexión y madurez algo" (*Diccionario de la lengua española*, 23ª ed., RAE, 2014). El bolo alimenticio es lo que se crea cuando una vaca pasa por al menos un proceso de masticar y tragar su alimento en una parte de sus estómagos llamado *rumen*. Pero cuando las vacas mastican el bolo alimenticio están relajadas, sanas y cómodas, y producen más y mejor leche. Cuando una persona empieza a rumiar —la versión humana y mental de masticar el bolo alimenticio—, para nada está relajada ni cómoda. La mayor parte del tiempo está ansiosa. La rumiación es una espada de doble filo. Reduce temporalmente la ansiedad, pero al mismo tiempo la alimenta.

Es la noche previa a la cena de compromiso de Darlene y Michael. El padre de Darlene es abiertamente demócrata, y el padre de Michael es un apasionado republicano. Ambos se han visto ya una vez, y cuando la conversación giró hacia la política, todo fue un desastre. Darlene comienza a preocuparse por lo que vaya a pasar. Cuanto más ansiosa se pone, más rumia, y cuanto más rumia, más ansiosa se pone. Su ansiedad llega al máximo cuando oye a Michael hablar con su padre en voz baja en la sala contigua, pidiéndole que no beba alcohol durante la cena. Para tranquilizarse, ella corre al congelador y se devora un litro de helado.

La mayoría hemos participado en un autosabotaje bienintencionado como este. Es un trágico punto débil del ser humano. Mientras Darlene acude en busca del helado, se olvida de sus preocupaciones por la cena que se aproxima, de los padres impertinentes y de sus preferencias políticas. Sin embargo, poco después regresa su pensamiento recurrente ansioso; solo que, ahora, se siente avergonzada y tiene ganas de vomitar. "¿Por qué lo hice? ¿Podré dormir? Pero qué tontería hice. ¿Aún me quedará el vestido que me pondré para el compromiso?" A la satisfacción a corto plazo que supuso para Darlene comerse todo ese helado, le siguen consecuencias negativas a largo plazo. Su estrategia de afrontamiento empeoró el problema.

Como pasa cuando comes mucho helado, el pensamiento obsesivo aporta un alivio temporal a un costo muy elevado. Hacerlo de vez en cuando, probablemente no dañe demasiado tu relación. Pero si es muy frecuente, tu relación puede salir muy dañada. En oposición a lo que sucede cuando nuestras amigas bovinas mastican el bolo alimenticio, la rumiación no te llevará a una vida más larga y productiva ni a una relación más feliz. Más bien lo contrario. En lugar de ayudarte a digerir tu alimento mental, hace aún más indigesto el problema que no puedes tolerar.

Confiere una sensación de control

En un estudio titulado "Los sustratos neurobiológicos del temor", unos investigadores de la Escuela de Medicina de la Universidad de Emory estudiaron la actividad cerebral de sujetos voluntarios que esperaron para recibir una descarga durante un tiempo que desconocían (Berns *et al.*, 2006). El estudio reveló que, si se les daba a elegir entre una descarga más fuerte o una más débil, muchos elegían una más fuerte, pero administrada antes, en lugar de esperar a recibir una descarga más débil que llegaría en un momento sin especificar en el futuro. La rumiación funciona de manera parecida. La practicamos aunque nos duela. Cuando rumiamos, estamos tratando de mantener el control, a pesar de que dejarlo ir sería menos doloroso. Como los sujetos en el estudio sobre el temor que no podían soportar que algo desagradable podría pasar en un momento futuro desconocido, elegimos la chispa más dolorosa de pensamiento negativo y repetitivo frente a la inquietante experiencia de la incertidumbre.

Nos resulta familiar

Desde una edad muy temprana, hemos recibido cientos —o incluso miles— de mensajes sobre la idea de que pensar es superior a ser o estar. Hemos llegado a creer que el pensamiento es para los adultos, y el ser o estar para los niños. Pensar es fuerte, ser o estar es débil. Pensar es útil, ser o estar es inservible. Estos mensajes refuerzan nuestra idea de que pensar es la solución más familiar y mejor a la que acudir. Como ciertos tipos de pensamiento son útiles, podemos llegar a creer que todo pensamiento nos ayuda a sobrellevar las situaciones.

La familiaridad se confunde fácilmente con seguridad. Sin embargo, la familiaridad y la seguridad no son lo mismo. A veces, hacer lo que te resulta familiar tiene consecuencias desastrosas. En los negocios, si inviertes en compañías que te resultan conocidas porque compras en sus tiendas, tienes sus dispositivos o usas sus productos, te arriesgas a invertir de más en compañías que te son familiares en lugar de crear una cartera diversificada que pueda sortear las subidas y bajadas de un mercado cambiante. La gente que tiene poca experiencia en viajar insiste en que está más segura en un coche que en un avión, pero un artículo de 2017 en la revista *Fortune* analizó datos de la Administración Nacional de Seguridad del Tráfico en las Carreteras y la Junta Nacional de Seguridad en el Transporte y llegó a la conclusión de que los estadounidenses tienen una probabilidad entre 114 de morir en un accidente automovilístico, en comparación de uno entre 9 821 de morir en un accidente de avión (Jenkins, 2017). A medida que vayas ampliando tu definición de seguridad más allá de lo que te resulta familiar, prepárate para sentirte un poco incómodo.

Ejercicio conjunto: Lo que me aporta la rumiación

Busca un lugar tranquilo para sentarte sin distracciones. Utiliza el ejercicio "Céntrate en una respiración" para estabilizarte o escucha la grabación disponible en <http://www.newharbinger.com/50034>.

Recuerda una situación reciente en la que te hayas visto atrapado en un ciclo de pensamientos obsesivos. En lugar de pensar en ello o de repetir los diferentes detalles de lo sucedido, aléjate mentalmente de la situación mientras la recuerdas. Obsérvala como si fuera un diorama en miniatura en una esfera de nieve.

Escribe tus respuestas a las preguntas siguientes en un diario. Si lo deseas, comparte tus respuestas con tu pareja (consulta las responsabilidades del hablante y del oyente para refrescar lo que sabes sobre cómo crear seguridad y favorecer la conexión mientras hablas y escuchas).

- ¿En qué podría haberte ayudado pensar de más en esta situación?
- ¿Caíste en un hábito que te era familiar?
- ¿Redujo tu ansiedad, al menos temporalmente, y te distrajo de algo incómodo?
- ¿Te dio la sensación de tener el control?
- ¿Alimentó algún aspecto de tu identidad al que estás apegado, como tener razón, verte bien o ser siempre el que tiene la culpa?
- Si fue así, ¿podrías relajar el control sobre este aspecto de tu identidad al recordarte que "no tengo que tener razón", "no tengo que verme bien" o "no siempre tengo la culpa"?

Ejercicio conjunto: Los bloqueos que me impiden detectar los pensamientos obsesivos

Selecciona una afirmación con puntaje alto del "Cuestionario de rumiación en las relaciones" que llenaste en el primer ejercicio individual de este capítulo. Si no lo has hecho, échale un vistazo y elige una afirmación que sepas que haces a menudo. ¿Qué te impide darte cuenta de los pensamientos negativos que representa dicha afirmación? ¿Son un zumbido de fondo, ajeno a tu conciencia? ¿Crees que el pensamiento representado por esta afirmación es útil de alguna manera? ¿Pensar así reduce temporalmente tu ansiedad?

En los papeles de hablante y oyente, compartan entre ambos una técnica o práctica que pueda ayudarles a tomar conciencia de esta afirmación en el futuro. Por ejemplo, si marcaste con un círculo la afirmación número veintisiete ("___ pienso: 'hemos pasado momentos malos, y van a volver a pasar'"), podrías decirle a tu pareja: "No me doy cuenta de que es perjudicial cuando pienso así. En realidad, creo que solo me preparo para lo peor".

Si pensamos en algo que hayas aprendido hasta ahora y que pueda ayudarte a tomar conciencia de estos pensamientos, podrías decir: "Practicaré cómo centrarme en una respiración" o "Recordaré algunos de los 'mensajes de ser o estar' del ejercicio de la 'Lista de control de los mensajes de estar y pensar'".

Para descargar un PDF con la plantilla de este ejercicio visita ‹http://www.newharbinger.com/50034›.

CICLOS DE RUMIACIÓN

Como la rueda giratoria de la muerte o una bola de nieve rodando colina abajo y ganando impulso, los pensamientos obsesivos giran en un bucle aparentemente sin fin en torno a los mismos temas dolorosos. He identificado cinco ciclos de rumiación distintos, centrados en los temas de la culpa, el control, la duda, la preocupación y la autocompasión. A continuación, enumero sus similitudes y sus diferencias.

- La culpa, la duda y la autocompasión están orientadas al pasado.
- Los ciclos de preocupación y control están orientados al futuro.
- Los ciclos de culpa, duda y preocupación están dirigidos hacia una pareja, hacia uno mismo o ambos.
- Los ciclos de autocompasión se centran en uno mismo como víctima.

Cada ciclo de rumiación apunta hacia una escasez de algún nutriente psicológico importante. Cuando reconoces un ciclo de rumiación, puedes introducir este nutriente como antídoto; un enfoque o planteamiento particular que ayudará a contrarrestar este ciclo. Hablaré de cada ciclo en detalle, junto con sus antídotos, en los próximos apartados. Este es un resumen de los nutrientes psicológicos a los que se puede recurrir para ralentizar o detener cada ciclo de rumiación antes de que se convierta en una bola de nieve:

- Si recurres a los ciclos de culpa cuando piensas demasiado, practica la aceptación.
- Si te preocupas demasiado, conecta con tu cuerpo en el aquí y el ahora.
- Si la duda es tu principal forma de rumiación en las relaciones, amplía tu capacidad para confiar.
- Si giras en ciclos de control, deja ir el perfeccionismo y lo que está fuera de tu control.
- Si giras en ciclos de autocompasión, acepta la responsabilidad de tu contribución a los problemas.

Todos somos capaces de entrar en todos los ciclos de rumiación, y no es extraño girar un híbrido de dos o incluso tres de ellos a la vez. Pero la mayoría tenemos un ciclo dominante: el que hacemos girar con más frecuencia. Puede que lo hagamos tanto que tiña nuestra identidad y personalidad. Conforme vayas investigando cuál es tu propio círculo de rumiación dominante, probablemente descubrirás que también tienes uno secundario. Este es el ciclo en el que entras cuando tu ciclo dominante no consigue aportarte solución, alivio o cierre.

Cuando identifiques tu ciclo dominante y los secundarios, interésate por lo que los desencadena. Recurre a prácticas que puedan ayudarte a contrarrestar el poder que tiene tu ciclo para distorsionar la realidad y cultiva el "nutriente" de aceptación que falta, siéntete presente en tu cuerpo, confía, deja ir el perfeccionismo y el control y acepta la responsabilidad de tu contribución a los problemas.

El ciclo de culpa. Antídoto: practica la aceptación

"Es mi culpa. Soy idiota. ¿Cómo dejé que pasara? Es inaceptable, intolerable, horrible, espantoso. Mi pareja es egoísta. Está equivocada. Debería pagar por esto. Debería disculparse. ¿Se da cuenta de todo el dolor que me está causando?"

Los pensamientos, los recuerdos y las imágenes en el ciclo de culpa giran en torno a acontecimientos pasados dolorosos. Una conversación que escaló hasta convertirse en una pelea. Estás seguro de que te trataron injustamente, se aprovecharon de ti y te entendieron mal. Tenías buenas intenciones, y tu pareja malinterpretó lo que dijiste o hiciste. Tenías planeado un viaje especial, y tu pareja lo arruinó con su irritabilidad. La cena terminó de forma incómoda para ti y tus invitados. Recuerdas el pasado de forma selectiva. Los acontecimientos que confirman tus defectos (o los de tu pareja) se magnifican.

¿Tu pareja te ha elogiado sinceramente alguna vez por algo que negaste o minimizaste reflexivamente? A lo mejor dijo: "Te ves genial". Y tú respondiste: "No, en lo absoluto" o "Estoy cansado". Quizá dijo: "Fuiste muy amable al venir a buscarme al aeropuerto". Y tú respondiste: "Pues, claro, ¿por qué no iba a hacerlo?".

Cuando te pones a girar en ciclos de culpa, estás demasiado ocupado culpando a tu pareja (o a ti mismo) como para aceptar el amor.

Cuando la culpa va dirigida a tu pareja, se ve alimentada por la agresión y el resentimiento. Mientras te sigas centrando en lo que está mal con tu pareja, no tienes que fijarte en tu contribución a los problemas. Puedes llorar, "¡soy inocente!". Un falso sentido de superioridad te protege de la verdad de tus propias imperfecciones y defectos humanos. Cuando la diriges hacia ti mismo, se sustenta en la culpabilidad, la vergüenza y el arrepentimiento. Eres autocrítico. Deberías haberlo sabido.

Si tus pensamientos obsesivos llegan en forma de ciclos de culpa, tienes carencia de aceptación. Practica el hecho de aceptar por lo que sueles culparte o culpar a tu pareja. Si culpas a tu pareja porque es quien casi siempre usa la última hoja del rollo de papel higiénico y nunca lo remplaza, acepta el hecho de que así es (y de que tú también puedes hacerlo, ya que la otra persona lo hará de cualquier forma, te guste o no). Si lo único que haces es culpar a tu pareja por su nivel de estrés actual, te conmino a que intentes aceptarlo: ahora mismo está bajo mucho estrés. Es real, está sucediendo. Si te culpas por estar enojado, acepta tu ira. ¿En qué te ayuda a ti o a cualquier otra persona el que rechaces lo que ya sientes y eres?

Escucha esto: *no tiene que gustarte algo para poder aceptarlo*. Tampoco tienes que renunciar a expresar tus deseos y necesidades ni a mejorar tu vida y tu relación. Puedes aceptar que tu pareja utilice siempre la última hoja del rollo de papel higiénico y que nunca lo reponga y, al mismo tiempo, puedes decirle cómo te sientes y qué es lo que quieres, pero solo cuando estés tranquilo y tu pareja se encuentre más abierta a escuchar tus comentarios. Puedes decir: "Me molesta cuando te terminas el rollo de papel del baño y no lo repones. Eso me coloca en una posición incómoda. ¿Podrías ir a buscar un nuevo rollo la próxima vez?".

Emprender esa estrategia desde un escenario de aceptación aumenta las posibilidades de que tu pareja te escuche y quiera cambiar su comportamiento, ya que la carga negativa de culpa no está filtrándose al campo de la relación, elevando sus defensas y dificultando la convivencia.

El ciclo de control. Antídoto: suelta el perfeccionismo y lo que está fuera de tu control

"Soy mejor que eso. Soy racional. Estoy en contacto con mis emociones. Mis opiniones deben prevalecer. Soy más auténtico. Soy más amable, más sabio, más sano, superior, más joven, más viejo. Como soy el extrovertido, soy más adecuado para organizar nuestra vida social. Soy el que nos mantiene sanos, seguros y felices. Tengo justificación para perseguir y hacer cumplir mis actividades. Soy el que sabe cómo lidiar con esto."

Estos pensamientos orbitan en torno a un resultado futuro deseado y la mejor forma de alcanzarlo. Tu pareja debe sentarse a la mesa de inmediato. Debe hablar con alguien (un terapeuta, sus padres, su jefe o el agente inmobiliario) lo antes posible. Ha llegado la hora de tener una reunión de emergencia con tu abogado porque sabes cuál va a ser el siguiente paso. Tienes curiosidad sobre las "relaciones libres" consensuadas y sientes que tu pareja "debería" tenerla también. Es hora de ir a Hawái. Estás harto de las relaciones a distancia. Vas a presentarte en casa de tu pareja con una maleta, un cepillo de dientes y una máquina de expreso.

La tensión, la desconfianza y la rigidez acompañan al ciclo de control. Los pensamientos tienen un dejo moralista. Crees en verdades definidas externamente... y tú eres quien sabe lo que son. Tu pareja debe y tiene que satisfacer tu visión de la relación. Las posibilidades y opciones son blanco y negro. Está el bien o el mal, lo correcto o lo incorrecto, lo sano o lo perjudicial.

Aunque por lo general seas leal y considerado, en este ciclo tus interacciones son estratégicas. Las opiniones distintas a la tuya son inaceptables. Te interesa un resultado: el tuyo.

Si permaneces mucho tiempo en el ciclo de control, practica a menudo la técnica de centrarte en una respiración. Recuérdate que la certeza absoluta y la invulnerabilidad son sueños imposibles. Puedes relajar tu control sobre los demás y sobre la vida de forma inteligente y gradual. Puedes considerar una visión del mundo más compleja y matizada. Practica el hecho de disfrutar el proceso de lo que sea que estés haciendo, en lugar de luchar por alcanzar un objetivo predeterminado o "perfecto". ¿Y si los acontecimientos pueden transcurrir en beneficio de todo el mundo, aunque tú no los controles? Pregúntate lo siguiente: "¿Quién soy yo para controlar a persona, acontecimiento o situación? ¿El control me conseguirá lo que realmente quiero en este momento?".

El ciclo de duda. Antídoto: cultiva la confianza

"¿Puedo estar seguro de mis percepciones? A lo mejor me estoy imaginando cosas. ¿Acaso ocurrió de verdad lo que yo creo que ocurrió? ¿Por qué a todas las demás parejas les va mejor que a nosotros? ¿Por qué elegí a mi pareja? ¿Habrá alguien más inteligente, más amable, más atractivo o más rico para mí? ¿Por qué me eligió mi pareja? ¿Soy un fraude? ¿Puedo confiar en mis decisiones? Mi intuición ya me engañó en el pasado. ¿Y si sigo tomando malas decisiones?"

El menosprecio es una forma de manipulación psicológica de una persona a otra, donde el que menosprecia desorienta al menospreciado al negar, minimizar, poner en duda y socavar su percepción de la realidad. En este ciclo, tus pensamientos obsesivos son los que hacen que magnifiques el menosprecio. Tienes recuerdos selectivos, y minimizas y niegas lo que sabes. O exageras aspectos vergonzosos, embarazosos o negativos de cosas que hiciste y decisiones que tomaste. Como cuando un pescador lanza la caña a un lago estancado, este tipo de pensamientos vuelan y aterrizan despreocupadamente. No enganchan lo que intentan pescar. Nunca tienen la certeza suficiente. Jamás hay garantías absolutas. Ninguna prueba está lo suficientemente blindada como para apoyar tus decisiones, elecciones o acciones. Los buenos momentos parecen insustanciales y fugaces. Buscar pruebas solo refuerza las dudas.

La inseguridad aguda y la autocrítica son los sellos distintivos de los ciclos de duda crónicos. Cuantos más pensamientos obsesivos tienes, menos confías en tus propios recuerdos y tu intuición. Te arriesgas a dar más importancia de la que se merecen a las percepciones negativas —reales o imaginarias— que tienen los demás sobre ti.

Cuando tus pensamientos obsesivos te menosprecian con frecuencia, los comentarios atentos de una pareja que te apoya pueden abrirte los ojos a una perspectiva más amplia. Puede reducir el desequilibrio creado por el constante cuestionamiento que te planteas sobre ti mismo y tus decisiones.

Si los pensamientos en tus ciclos de duda socavan la evaluación que tú o tu pareja hacen sobre tus fortalezas, logros y cualidades positivas, reconócelo. Recuérdate lo siguiente: "Aquí está la duda, minimizándome de nuevo".

Involúcrate plenamente en el proceso de vivir tu vida aunque tus decisiones no acaben con los resultados que esperabas en el plazo previsto. Toma decisiones y haz elecciones de la mejor manera posible, aunque no puedas saber el resultado con antelación. Sé amable contigo y cultiva expectativas realistas. Cuando las cosas no vayan como tú querías, mantente con la vulnerabilidad que sientes en lugar de pensar que no deberías haber confiado en ti. Recuérdate lo siguiente: "Estoy haciendo todo lo que puedo con el conocimiento y las capacidades que tengo. No dar en el blanco y aprender a corregir es parte de ser humano y relacionarse genuinamente con otras personas".

El ciclo de preocupación. Antídoto: conecta con tu cuerpo en el aquí y el ahora

"¿Qué pasará si se hace daño en el trabajo? ¿Y si nos divorciamos y no veo a mis hijos tanto como ahora? ¿Y si dejan de quererme? Tal vez cancela nuestra próxima cita si se entera de que tengo diabetes tipo 1. Uno de los dos puede contagiarse de covid y pasárselo a mi padre. Esta podría ser la última vez que somos felices como pareja."

La preocupación rumiante es un intento de generar conocimiento por medio de la previsión y la predicción. Sin embargo, nadie puede saber con antelación a ciencia cierta lo que ocurrirá después. En este ciclo, los resultados positivos se descartan o se ignoran. Lo que se impone son los peores escenarios. El miedo es el que mantiene girando este ciclo.

Te convences de que estarás seguro siempre y cuando te prepares para lo peor. Tu mente lo logra pensando en todo lo que podría ir mal. En lugar de ayudarte a sentir más seguridad, esta estrategia intensifica tu sensibilidad ante el peligro. Como en un juego psicológico de "Golpea al topo", por cada uno de los peores escenarios que pienses y te imagines arreglando, aparece otro. No hay forma de que puedas prepararte para todas las posibles catástrofes o resultados negativos.

Si tienes ciclos de preocupación con frecuencia, el antídoto es conectar con tu cuerpo en el aquí y el ahora. La preocupación se apodera de la conciencia, la desvía del momento presente y la desperdicia en un futuro inexistente. Sintonizar con tu cuerpo puede devolverte la conciencia de lo que sí existe: Tú. Ahora. Usa el ejercicio de "Céntrate en una respiración" o escucha el audio disponible en el enlace <http://www.newharbinger.com/50034> para practicar el estar en tu cuerpo con esta respiración. Como el agua y el aceite, la preocupación y el momento presente no se mezclan.

Para cuando te des cuenta de que te estás preocupando por un acontecimiento o una situación, la maestra de meditación introspectiva y fundadora del Mindful Shenandoah Valley, Shell Fischer, tiene un mantra que ofrece a quienes acuden a sus retiros. Sugiere que te acomodes, te arraigues a tu cuerpo y luego te repitas estas palabras con la frecuencia necesaria: "Si esto que temo ocurre, como me gustaría, sería genial. Si no, también estará bien, porque, de cualquiera de las dos maneras, estoy y estaré bien".

El ciclo de autocompasión. Antídoto: acepta tu parte de responsabilidad

"¿Por qué a mí? No hay nada que yo pueda hacer. La vida es injusta. No merezco esto. ¿Por qué siempre me pasan las cosas malas a mí? Lo he intentado todo. Mi situación es desesperada. No tenemos ninguna oportunidad como pareja. Nada puede cambiarlo. El Universo está en mi contra. Sufrir es mi destino. No hay solución. Darme por vencido es mi única opción. Nada cambiará jamás."

El ciclo de autocompasión aparece cuando los otros ciclos no aportan ninguna solución ni alivio. Si te convences de que tú nunca eres el problema o de que siempre te tratan mal, puedes ignorar tu propia irresponsabilidad, egoísmo, inmadurez o pasividad. La autocompasión te distrae de tu contribución a crear o mantener las situaciones dolorosas. La vida se ve sencilla si se mira desde una lente fantástica de lo bueno y lo malo, lo correcto y lo incorrecto, sobre todo si uno siempre está en el lado "correcto" de la lente. A menudo, la expectativa no asumida es que al adoptar el papel de víctima inspirarás a tu pareja para que te rescate. Pero cuando responsabilizas a tu pareja por tu bienestar o te comportas como si estuvieras completamente indefenso cuando no es así, acaba sintiéndose controlada.

Incluso aunque tu pareja haga lo imposible para ayudarte a sentirte mejor, tarde o temprano se enfadará contigo. Quizá se queje de que se siente manipulada. Cuando usas la autocompasión para extraer atención o preocupación, te aprovechas de la bondad de los demás.

Muchas veces, el ciclo de autocompasión es una reacción ante el odio a uno mismo, la autocrítica o la vergüenza no admitida. Es un débil sustituto de la autoaceptación y el amor por uno mismo que en verdad anhela la persona atrapada en la autocompasión. Las personas que se encuentran girando en ciclos de autocompasión pueden trabajar para superar pérdidas, cambiar o aceptar una situación difícil y aceptar la responsabilidad de su contribución a la hora de crear problemas en la relación. Perdónate por las cosas que hayas dicho o hecho como reacción o a la defensiva. Permítete sentir remordimiento y enmendar lo que hiciste. Enfrentarte a tus defectos te acerca más a la autoaceptación que negarlos o culpar de ellos a tu pareja o a otras personas. Pregúntate lo siguiente: "¿De qué puedo responsabilizarme más en este caso?".

No estoy diciendo que deberías culparte por cosas que no hiciste, ni ignorar el daño que sufres cuando otras personas te maltratan, ni que deberías negar las injusticias. Pero volverte masoquista no es la respuesta, sino otra faceta de la autocompasión. Si descubres que estás recibiendo insultos o agresiones, debes abordar el problema cuando sea seguro para ti. Permitir que la pareja se comporte de formas en las que te subestime no es bueno ni para ti ni para ella. Puedes reconocer tus necesidades y hacerte valer al mismo tiempo que enfrentas tu contribución a los problemas. Sé humilde sin sacrificarte innecesariamente. Di toda la verdad.

Cuando reconoces tus ciclos de rumiación, te fortaleces. Ya no te encuentras a merced de un pensamiento obsesivo y ansioso que está oculto y es difícil de detectar. El identificar los ciclos los desinfla, como burbujas que explotas con un pinchazo de conciencia afilada como una aguja.

El siguiente ejercicio te ayudará a detectar los temas centrales de tus pensamientos obsesivos a medida que vayas identificando tu ciclo de rumiación dominante y los secundarios.

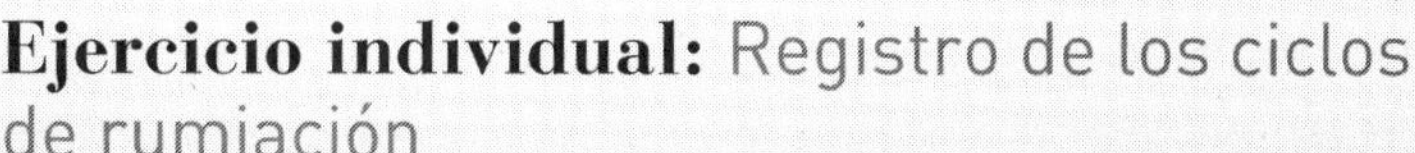

Ejercicio individual: Registro de los ciclos de rumiación

En la parte superior de una hoja de papel, o en un diario, traza tres columnas con los siguientes encabezados:

"Detonantes", "Pensamientos asociados" y "Ciclos". Después, piensa en un momento en el que tu conexión amenazante se activara (elige una situación en la que la activación fuera leve, un 1 o un 2 en una escala de intensidad ascendente de 1 a 5). Escribe una breve descripción (de cinco a diez palabras) sobre lo que ocurrió en la columna "Detonante". Por ejemplo, si reconoces que te enojas siempre que tu pareja reacomoda los platos que metiste en el lavavajillas, puedes escribir: "Joe reacomodó los platos que yo había organizado" en "Detonante".

Cuando te imaginas en esa situación desencadenante, ¿qué tipo de pensamientos negativos y repetitivos deambulan normalmente (o podrían hacerlo) por tu mente? Escribe tres o cuatro ejemplos. En el caso de los platos reacomodados, podrías escribir: "Corrige todo lo que hago. Es controlador. No me valora" en la columna "Pensamientos asociados".

Trata de darle sentido al tema de estos pensamientos. ¿Portan una carga emocional de culpa, control, duda, preocupación o autocompasión? Anota el ciclo o ciclos que hayas identificado en la tercera columna, debajo de "Ciclos". Es posible que haya más de un ciclo para cada ejemplo.

En el transcurso de los próximos días llena este registro siempre que experimentes un acontecimiento o una situación desagradables con tu pareja. En cuanto hayas identificado entre seis a diez detonantes y ciclos, marca con una estrella el ciclo que más aparezca en tu lista. Es probable que este sea tu ciclo de rumiación dominante. Subraya el segundo ciclo que más se repita. Con mucha seguridad, este será tu ciclo de rumiación secundario.

Para descargar un PDF con la plantilla de este ejercicio visita <http://www.newharbinger.com/50034>.

La rumiación en las relaciones, como aprendiste en este capítulo, es un hábito crónico de pensamientos negativos y repetitivos de uno o ambos miembros de la pareja en el seno de un vínculo afectivo y de compromiso. Tras leer este capítulo, espero que tengas una idea más clara de cómo impacta la rumiación en tu relación a los niveles de satisfacción de ambos, de cómo detectarla, de tus ciclos de rumiación primario y secundarios y de sus antídotos. El siguiente paso es examinar el campo de tu relación.

Capítulo 2

El campo de tu relación

Tú y tu pareja están conectados en un espacio psíquico, emocional, espiritual y energético. Los límites físicos no lo definen. En la obra del filósofo Martin Buber (2010), este espacio recibe el nombre de "el entre" *(das Zwischen)*. Es la base de todas las relaciones. El erudito budista Thich Nhat Hanh (2002) lo llamó el "interser", y recalcaba que "nada tiene un ser separado, y nada existe por sí solo" (p. 11). Como las parejas no siempre se sienten conectadas, pueden pasar por alto la importancia —y la existencia— de un campo de la relación.

Admitir que existe este último exige un cambio mental en la forma en la que se ven como pareja. Significa reconocer que siempre hay más en ustedes de lo que parece. Tus elecciones, decisiones, acciones e impulsos ocultos no comienzan y terminan dentro de tu piel. Incluso las decisiones pequeñas, aparentemente privadas, tienen un impacto.

Cuando arrojamos basura desde la ventana del coche, esta aterriza en algún lugar, veamos o no dónde. Cuando comemos algo, también estamos consumiendo las prácticas que se emplearon para crear, hacer crecer, cosechar y transportar este alimento. Cuando conducimos un coche que no ha recibido los cuidados pertinentes, los humos tóxicos que emana se quedan en el aire que otros respiran. Podemos contaminar el campo de nuestra relación con pensamientos negativos y repetitivos, aunque no seas consciente de ello.

El campo de una relación es un flujo y reflujo energético continuo y cambiante de conexión. Está allí, entre tu pareja y tú: vivo, vibrante y receptivo. Envía y recibe información. Incluso podría decirse que es información. Se adapta a nuevas y distintas corrientes de energía, cambia cuando tú cambias y vibra a frecuencias que tu pareja y tú crean juntos.

Cuando admites la existencia de este campo en la relación, adoptas una visión ecológica del pensamiento. Los pensamientos impactan en el bienestar de tu pareja, y también en el tuyo. Pueden contaminar o nutrir el ecosistema de tu relación. Cambiar de un paradigma individualista a otro relacional puede transformar tu forma de pensar sobre lo que piensas. Te verás como un contribuyente al estado de tu relación en lugar de una víctima inocente o un espectador pasivo. Lo que digas o no digas —hagas o no hagas— importa.

La responsabilidad tiene su lado positivo. Fomenta la voluntad y el poder personales, y te da la confianza necesaria para apoyar la interdependencia, los límites positivos y la seguridad a través de tu forma de pensar, de hablar y de comportarte. Si experimentas con frecuencia una sensación de desvitalización, fallos en los límites y ansiedad con tu pareja, es posible que la rumiación esté contaminando su campo.

DESVITALIZACIÓN

En una relación en la que uno o ambos se cierran en banda, la energía del cambio y las sensaciones, emociones e impulsos cambiantes no pueden fluir fácilmente ni con naturalidad. Las parejas ignoran los mensajes y las señales emocionales que les envía su cuerpo. Cuando la energía no fluye, no puede canalizarse de forma creativa ni productiva.

Imagina el agua tratando de desplazarse por una manguera anudada: al final, la fuerza del agua acabaría reventando la manguera, saldrían chorros por todas partes y provocaría un desastre. La energía que no puede fluir se acumula o se estanca. A veces, parece desaparecer hasta que explota con consecuencias destructivas.

Los signos de la desvitalización del campo de una relación son los siguientes:

- aburrirse el uno del otro
- sensación de tristeza
- una falta constante de creatividad
- falta de inspiración
- angustia existencial
- depresión leve
- experimentar constantemente un vacío o aturdimiento
- sentirse atrapado
- sentirse cínico, hastiado o falto de motivación
- sin propósito
- falta de pasión
- sentirse solo como compañeros de vivienda
- desconexión de uno mismo
- agotamiento

FALLOS EN LOS LÍMITES

Cuando se establecen límites, eso ayuda a tener una sensación más fuerte de uno mismo como individuo, separado de la pareja. También ayuda cuando puedes conectar con tus deseos, necesidades y deseos genuinos. Para establecer límites es posible que tengas que tomar decisiones que vayan contra lo que tu familia, tu comunidad o la sociedad te dijeron que tenías que hacer, necesitar o desear. Se requiere de valor para reivindicar tus límites cuando tu propio sistema inconsciente de apego (abundaremos al respecto más adelante en este capítulo) te impulsa a mantenerte conectado y evitar hacer olas en una relación.

Las habilidades para establecer límites te permiten respetar tu salud física y mental, aunque eso signifique decepcionar a otras personas, entre ellas a tu pareja, a corto plazo.

Los signos de fallos en los límites en una relación son los siguientes:

- responsabilizarte de las decisiones, sentimientos y acciones de tu pareja
- dependencia e inseguridad crónicas
- la expectativa de que leer la mente sea una forma de comunicación
- desequilibrios de poder
- cuidar de los demás de forma mecánica
- agresión pasiva
- dependencia excesiva de la estructura, las rutinas y los límites rígidos
- sentirse desarraigado por la falta de límites, estructura o rutinas
- falta de compromiso
- confusión sobre las necesidades y los deseos
- incapacidad para tomar decisiones
- resentimiento
- sentirse emocionalmente asfixiado
- sentirse controlado
- sentir que no se está a la altura de las expectativas
- creer que la pareja tiene que cumplir las expectativas del otro
- sentirse emocionalmente desvinculado de la pareja

Si sueles asumir demasiada responsabilidad por los demás como una forma de sobrellevar tu ansiedad o incomodidad, presta mucha atención a los motivos que te llevan a hacerlo. ¿Por qué lo haces? ¿Te sientes desorientado o asustado cuando no puedes controlar el resultado de una situación? ¿Te sientes obligado a mantener la paz? ¿Qué pasaría si solo asumieras la responsabilidad de tus pensamientos, sentimientos, decisiones y conductas en situaciones en las que tiendes a excederte?

Si asumes demasiada responsabilidad por lo que ocurre en el campo de tu relación, le estás robando a tu pareja la oportunidad de que crezca más allá de su zona de confort, de que desarrolle sus habilidades relacionales y de que vea su contribución a los problemas de la relación. Cuando practicas el hecho de establecer y mantener unos límites más positivos, estás reconociendo tu contribución real a aquellas cosas de tu relación que te están haciendo daño. No le das la espalda a tus necesidades ni te sobrecargas con las necesidades de los demás. Te fortaleces y conservas la energía que sueles malgastar al liberarte del control de lo que no te corresponde controlar.

ANSIEDAD

Imagina que no puedes confiar en tu pareja para que te apoye en los momentos más importantes. Quizá has aprendido que no es seguro apoyarse en la gente y recibir el amor y el cuidado de los demás. O puede que tu pareja no sea realmente capaz de apoyarte. Sean cuales sean los motivos, si no puedes reducir tu estrés —real o imaginario—, relajarse se vuelve complicado. En cualquier momento puedes verte sorprendido o desbordado. En consecuencia, comienzas a dudar de tu capacidad y de la de tu pareja para afrontar los retos. La duda y la desconfianza alimentan la ansiedad. Si no puedes relajarte, no puedes liberar tensiones ni reiniciar tu sistema nervioso. De forma parecida a conducir un coche con un pie en el freno y otro en el acelerador, te agotarás mucho antes que si usaras un pedal a la vez, bien para frenar porque es importante desacelerar o para acelerar porque es fundamental avanzar. La ansiedad te contrapone contigo mismo.

Los signos de un campo de relación saturados de ansiedad son los siguientes:

- irritabilidad
- sentirse obligado a permanecer juntos
- retrasar lo inevitable
- sentirse inseguro, aunque las cosas vayan bien
- uso excesivo de dispositivos electrónicos
- abuso del alcohol u otras sustancias psicoactivas
- incapacidad de confiar en tu pareja
- esperar lo peor
- tener dificultad para dormir
- lesiones, dolores y molestias habituales
- preocupación constante
- dificultad para abrirse
- dificultades para sentirse vulnerable
- falta de conexión
- falta de intimidad

MANTENER TU CAMPO

Si tu pareja y tú se ven como copartícipes del estado del campo de su relación, aumentas tu motivación para dejar de contaminarlo con pensamientos obsesivos. Tienes claro que la culpa aviva los conflictos, el control te limita, la preocupación no puede arreglar el presente, la duda te desestabiliza y la autocompasión fomenta la impotencia. Estás dispuesto a reconocer que lo que dices o no dices dentro del campo de la relación importa. También importa lo que haces o no haces. El tipo de pensamiento que te permites influye en tus palabras y tus actos.

Sin importar quién seas, puedes hacer que la conexión auténtica y respetuosa sea una prioridad. Cambiar de pensar demasiado en tus experiencias y defenderte contra tus vulnerabilidades a estar con ellas apoya la interdependencia, los límites positivos y la seguridad en el campo de tu relación.

Interdependencia

Ser interdependiente es el punto medio entre la contradependencia (evitar la intimidad) y la codependencia (depender demasiado de otra persona para tener un sentido de propósito, identidad y bienestar). En el campo de una relación en la que dos personas cultivan la interdependencia, ambas se conocen y se experimentan a sí mismas como personas separadas al tiempo que se sienten también cercanas y conectadas.

Cuando te conoces y honras quién eres al margen de tu pareja, estás dispuesto y eres capaz de tomar decisiones difíciles, aceptar la responsabilidad de ti mismo y avanzar en dirección de tus más profundos deseos, sea para una noche de cita o para adoptar un terrier juntos en el refugio local. En el campo de una relación en la que tu pareja y tú respetan su interdependencia mutua, estás reconociendo que ambos son agentes de sus vidas.

Estar juntos es una elección. Aceptan sus diferencias apoyando el derecho del otro de ser distinto e independiente. Al mismo tiempo, se sienten cómodos apoyándose en el otro, confiando en el otro y necesitando al otro.

Como sabes dónde terminas tú y dónde comienza tu pareja, también pueden conectar profunda y genuinamente. Los estados de ánimo, sentimientos, necesidades y deseos de tu pareja podrán tener un impacto en ti, pero no te definen. La interdependencia te permite disfrutar de las siguientes experiencias:

- ser quien eres
- apreciar las particularidades y las imperfecciones de tu pareja
- sentirte aceptado aunque no seas perfecto
- sentir que todo es posible
- sentirte más feliz con tu pareja en tu vida que sin ella
- sentirse interesados el uno en el otro
- sentir emoción cuando están juntos
- sentir curiosidad y fascinación por la vida
- sentirse libre (aunque estés en una relación)
- estar cómodos apoyándose y necesitándose el uno al otro
- interceder honestamente por ti mismo y tus valores
- desafiar el estado actual de las cosas
- poder personal
- creatividad
- risas y juego

Límites positivos

En su libro *Cuestión de límites*, Nedra Glover Tawwab (*Set Boundaries, Find Peace: A Guide to Reclaiming Yourself*, 2021) describe tres niveles de límites: porosos, rígidos y positivos. Los límites porosos son confusos, débiles o inexistentes. Los límites rígidos son inamovibles y poco adaptables. Los límites positivos son claros, firmes y flexibles. Las parejas con límites débiles anteponen las necesidades del otro a las suyas y son malos guardianes de sus recursos personales. Las parejas con límites rígidos tienden a ser obstinadas y reservadas, y eso dificulta la intimidad. Las parejas con límites positivos pueden ser firmes y, a la vez, flexibles.

Los límites positivos son claros y confiables. Te ayudan a reconocer y comprender lo que funciona y lo que no funciona entre ustedes. Pueden ayudar a reducir la ansiedad, porque sabes lo que se espera de ti y cómo cubrir dichas expectativas. Cuando los viejos límites dejan de tener sentido y se necesitan unos nuevos, estos pueden repasarse y renegociarse. Al igual que las autopistas, todos los límites necesitan mantenimiento. Arreglarlos, llenar los huecos y, a veces, renovarlos por completo toma tiempo y esfuerzo. Con tanto tráfico desplazándose por ellos cada día, los límites son una parte esencial de la infraestructura del campo de tu relación.

Al cultivar límites positivos, estás reconociendo que tu pareja es un ser único. No es tú. Es una persona distinta. Esto parece obvio, pero es fácil de olvidar. Te preocupas de consultarle lo que le parece bien y lo que no.

Las suposiciones socavan los límites positivos. Si te sientes cómodo hablando sobre tus inclinaciones sexuales, tu identidad de género, tus problemas de fertilidad o tus antecedentes familiares con amigos y parientes, sabes que eso no significa obligatoriamente que tu pareja se sienta cómoda hablando de estos temas tan abiertamente como tú. Debes preguntarle antes de compartir su información personal. Reconoces y afirmas tus límites y, al mismo tiempo, investigas y respetas los suyos.

En un campo de una relación con límites positivos, disfrutas de los siguientes aspectos:

- se te escucha y se te respeta
- dices "no" cuando quieres decir "no"
- dices "sí" cuando quieres decir "sí"
- transparencia sobre lo que necesita, quiere y espera tu pareja... y por qué
- no tienes que adivinar lo que complace a tu pareja
- puedes cometer errores y aprender
- puedes desviarte y cambiar de dirección
- experimentas una culpa o vergüenza apropiadas cuando cruzas o no tienes en cuenta los límites
- se ayudan mutuamente a superar los sentimientos de culpa y vergüenza
- se rinden cuentas con firmeza cuando se cruzan los límites o no se tienen en cuenta
- se puede contar con límites claros y congruentes
- conversaciones abiertas sobre los límites
- renegociación de los límites cuando cambian las necesidades y los deseos

Si quieres establecer límites positivos con tu pareja, ten en cuenta estos puntos de referencia:

1. Pon sobre la mesa un límite que quieras establecer. Por ejemplo: "Me gustaría que esperaras hasta que termine de hablar antes de comentarme tus pensamientos u opiniones sobre lo que estoy diciendo".
2. Conecta con el porqué que se esconde tras este límite. ¿Cómo te apoyará este límite a ti y a tu relación?
3. Usa lenguaje positivo en lugar de negativo para reconocer la intervención detrás de tu límite. Por ejemplo: "Quiero sentirme seguro y cómodo compartiendo mis pensamientos contigo". En lugar de: "Quiero estar con alguien que no sea egoísta, alguien que no me interrumpa".

4. Respeta tu límite por medio de acciones, como reafirmar tu límite o darle a tu pareja lo que Tawwab (2021) llama "un ultimátum positivo". Un ejemplo de esto último podría ser: "La próxima vez que me interrumpas, me abstendré de compartir lo que quería decir en ese momento". Acepta que las elecciones y las decisiones de tu pareja respecto a tus límites están más allá de tu control. Si no pueden adaptarse y respetar los límites del otro sin dejar de ser fieles a ustedes mismos, es posible que tengan que reevaluar sus objetivos y prioridades como pareja.

Seguridad

La seguridad te permite confiar en ti mismo, en tu pareja y en tu relación. Cuando cometes errores, tu pareja te decepciona o te ves sorprendido por acontecimientos inesperados, se puede restaurar la confianza. Si existe una base de seguridad en tu relación, fortalece tu sentido de quién eres, de quién es tu pareja y de quiénes son juntos. Al mismo tiempo, un fuerte sentido de ustedes mismos como individuos y como pareja fomenta una sensación de seguridad. Paradójicamente, las parejas que se sienten seguras pueden asumir riesgos calculados e invertir en aventuras y oportunidades.

En un campo de una relación en la que la seguridad emocional y física son la norma, valoras los siguientes aspectos:

- asumir riesgos informados y calculados
- salirte con frecuencia de tu zona de confort
- saber que se cubren las espaldas el uno al otro
- pasar tiempo con tu pareja
- periodos separados de tu pareja

- un flujo constante de nuevos aprendizajes y perspectivas
- experimentar y resolver conflictos en lugar de evitarlos
- saber que los momentos difíciles son temporales
- la solución genuina como algo habitual
- tu pareja convierte tu bienestar en una gran prioridad

Al reconocer tu contribución al estado de algo más grande que ambos —el campo de la relación que crean en conjunto— puedes fomentar una resiliencia emocional y forjar una alianza por el bien de un objetivo compartido: mantener un campo de la relación en el que la interdependencia, los límites positivos y la seguridad puedan evolucionar y fortalecerse.

Al reconocer y cuidar tu relación y reducir la rumiación hay un factor clave que no debes pasar por alto: tu estilo de apego.

ESTILOS DE APEGO EN EL CAMPO

El modelo de cuatro categorías de apego adulto incorpora modelos previos y propone cuatro estilos principales de apego: seguro, preocupado, evitativo-desvalorizador y evitativo-temeroso (Bartholomew y Horowitz, 1991). En esta obra me centro principalmente en tres estilos: seguro, preocupado y evitativo (este último estilo combina elementos de los estilos evitativo-desvalorizador y del evitativo-temeroso descritos por Bartholomew y Horowitz). En cuanto hayamos visto los estilos de apego individuales y cómo estos conforman el pensamiento obsesivo en las relaciones, veremos cómo se combina tu estilo de apego con el de tu pareja en lo que llamo un "estilo de apego en pareja" o EAP. Los EAP representan la interacción de los estilos de apego que crean juntas las parejas, y pueden influir en la rumiación en las relaciones. Por este motivo, es útil comprender tu EAP.

El psicólogo británico John Bowlby (1969) comenzó a formular la teoría del apego por primera vez hace ochenta años. Desde entonces, las investigaciones han demostrado que los primeros vínculos con los principales cuidadores conforman la manera en la que los niños actúan después como adultos en sus relaciones. Los temores y los anhelos que se originan en tus primeros apegos formativos más tempranos activan recuerdos, respuestas fisiológicas y emociones. También activan modelos interpersonales inconscientes sobre el amor. En estos modelos vienen implícitas las expectativas de peligro y recompensa. Estas expectativas inconscientes sembradas en el pasado cobran vida con toda su fuerza en los compromisos sentimentales actuales, y eso pone en marcha estrategias de afrontamiento obsoletas que usabas cuando eras niño para garantizar tu supervivencia física y psíquica.

En *Maneras de amar*, los autores Levine y Heller (*Attached*, 2010) comentan lo siguiente: "La necesidad de estar junto a alguien especial es tan importante que el cerebro tiene un mecanismo biológico que se encarga específicamente de crear y controlar nuestra conexión con nuestras figuras de apego" (p. 12). Este mecanismo es nuestro sistema de apego. Cuando algo que dice o hace tu pareja te hace saltar, este sistema se pone en marcha, y las cosas pueden ponerse muy intensas y emotivas. La razón por la que esto ocurre es en parte porque tu cerebro no es muy distinto ahora de lo que era entre treinta y cinco mil y cien mil años atrás. Respondes a los detonantes en tu relación con la misma intensidad a la que te enfrentarías a un tigre o a un asesino letal (Neubauer *et al.*, 2018). Una amenaza a tu alianza sentimental, por muy pequeña que sea, puede sentirse como una amenaza a tu supervivencia.

Entonces, ¿qué significa tener un estilo de apego seguro, preocupado o evitativo?

Apego seguro

El apego seguro suele tergiversarse con el estereotipo con el que asociamos el amor romántico. Una pareja que brinda con copas de champán en un balcón mientras se toma selfis frente al Taj Mahal. O unos jóvenes amantes que están recostados en la cama, medio desnudos y mirándose a los ojos. Idealizado y sacado de contexto, el mito del apego "natural", seguro y sin esfuerzo contribuye a la rumiación en las relaciones. Presenta una versión simplista de una relación en pareja, por la que es fácil creer que todo lo que tienes que hacer para ser feliz como pareja es ganar una mágica y afortunada lotería del amor.

Pero este estereotipo no es realista ni alcanzable. Cuando las parejas aspiran a él, confunden las dificultades y desafíos normales de una relación con signos de fracaso personal. Cuando se pierde el coctel del amor de oxitocina, dopamina y serotonina de la hora feliz, los amantes se despeñan en caída libre de su nube y aterrizan de golpe en el asfalto de su vida cotidiana y ordinaria. Hay que pagar la renta o la hipoteca. La ropa para lavar se acumula. Los pañales no se cambian solos. La familia política critica la elección de los muebles. Las parejas descuidadas dejan pelos en el lavabo. Surgen las diferencias.

Esto es normal.

Las personas con apegos seguros no tienen relaciones perfectas. Se esfuerzan. Fantasean con irse. Se cierran en banda y se aferran. Sin embargo, como suelen estar más relajados sobre la proximidad y tienen más experiencia estableciendo límites positivos, tienden a tratar directamente con los desafíos conforme surgen y tienen un repertorio más variado y flexible de estilos y estrategias de afrontamiento que sus homólogos preocupados o evitativos. Se aferran y evitan menos. Son mejores cuando llega la hora de manejar las incertidumbres de los apegos emocionales sin exagerar o pecar de precavidos en sus reacciones.

Es posible que tu estilo de apego sea seguro si sucede lo siguiente:

- sueles confiar en la experiencia de la relación de pareja
- disfrutas conectando con tu pareja, aunque también puedes ser tú mismo
- eres bastante bueno tolerando la incertidumbre y la vulnerabilidad que acompañan al hecho de confiar en la atención y el cuidado de otro adulto
- puedes relajarte a pesar de los altibajos del amor
- puedes aceptar la experiencia de tener una gama de sentimientos positivos y negativos hacia tu pareja, a veces al mismo tiempo
- cuando tu pareja no está disponible, puedes calmarte
- cuando pelean, puedes hacer las paces, aunque no siempre lo hagan a la perfección

Conectarse y desconectarse es una constante en la vida de todas las parejas. Con el tiempo, las parejas que se esfuerzan lo suficiente pueden mejorar en este flujo de conexión y desconexión, y los conflictos se vuelven menos ríspidos y frecuentes. La reparación puede llegar con mayor rapidez y eficacia. Una alianza pacífica puede volverse tu base de referencia.

Si tienes un estilo de apego preocupado, es más que probable que necesites invertir tu tiempo y esfuerzo en desarrollar algunas de las habilidades a las que apelan con mayor naturalidad quienes tienen un estilo seguro.

Apego preocupado

Las personas con un apego preocupado buscan la proximidad. Sus miedos aumentan cuando están con una pareja que desea tener una mayor distancia física o emocional que ellos. Para lograr o mantener un contacto cercano con su pareja, se preocupan, elaboran estrategias y controlan las situaciones de formas que mantengan a su pareja dentro de su órbita. Si este es tu estilo, tus detonantes girarán en torno a la indisponibilidad de tu pareja y sus comportamientos de búsqueda de distanciamiento.

Es posible que tu estilo de apego sea preocupado si sucede lo siguiente:

- eliges parejas que crees poder controlar
- te duele que tu pareja no te incluya más en cosas que hace
- te molestan sus actividades y sus aficiones
- te cuesta aceptar las amistades de tu pareja
- el trabajo de tu pareja aumenta tu nivel de ansiedad
- sea lo que sea que te separe de tu pareja se siente como una posible amenaza
- tu pareja hace planes con frecuencia sin informarte hasta el último minuto
- nunca consigues la suficiente atención, el suficiente afecto ni comprensión por parte de tu pareja

La indisponibilidad emocional de tu pareja es un detonante principal en la relación que desencadena ciclos de rumiación centrados en tu necesidad de proximidad. Si te culpas de la actitud distante de tu pareja, es posible que tus pensamientos obsesivos tomen forma de un ciclo de culpa que gire en torno a tu propia dependencia, los comportamientos de distanciamiento de tu pareja o tu tristeza. Si culpas a tu pareja, tus ciclos se centrarán en sus defectos, sus insuficiencias y las formas en las que te provoca dolor y te decepciona. Es posible que también la juzgues por no lograr quererte de la forma "adecuada".

Los ciclos de preocupación giran en torno a los peores escenarios posibles futuros: posibles pérdidas, sueños incumplidos, arrepentimientos imaginados. Los ciclos de control presentan pensamientos recurrentes sobre el control de la atención de tu pareja o sobre cómo lograr que te aprecien o se comprometan al cien contigo o con la relación. Los ciclos de duda socavan tu certeza sobre lo que sabes o intuyes. Los ciclos de autocompasión refuerzan la creencia de que tu pareja es egoísta o inmadura, mientras que tú eres una víctima inocente de la relación esperando ser rescatada.

Lisette (en el capítulo 1) se inclina hacia un estilo de apego preocupado. Después de la cena, suele decir que está cansada y deja a Manuel solo en la sala, cuando lo que en realidad quiere ella es más afecto de su parte. Él enciende el televisor para ver el futbol. Lisette se sienta en la cama dando vueltas a un ciclo de autocompasión, esperando que Manuel se preocupe por ella, se acerque a la puerta y le pregunte si está bien. Cuando no lo hace, ella se siente inquieta y muy nerviosa. Al final, es ella la que acaba abriendo la puerta de su dormitorio para reclamar: "¿Te importaría bajar el volumen del televisor?".

Apego evitativo

A diferencia de las parejas con apego preocupado, a quienes dejaron a su suerte cuando necesitaban apoyo, las parejas con un apego evitativo suelen tener antecedentes de intrusismo o control cuando necesitaban espacio. Si estás en la parte evitativa del espectro del apego, te costará mucho confiar en que estar cerca de otra persona no acabará con tus límites pisoteados.

Es posible que tu estilo de apego sea evitativo si sucede lo siguiente:

- en los primeros años de tu vida, algo interfirió con tu impulso saludable de establecerte como alguien separado y distinto de un cuidador
- te desanimaron para que no expresaras ni persiguieras tus propias necesidades
- usas técnicas de distanciamiento emocional para reducir tu ansiedad en las relaciones
- idealizas la soledad y el "tiempo en solitario"
- la intimidad puede parecerte amenazante y provocarte ansiedad
- prefieres evadir el compromiso a arriesgarte a decepcionar a tu pareja
- el "tiempo en solitario" suele ser la clave para "tiempo alejado de mi pareja con otras personas que no me exigen nada emocionalmente hablando"

Tus detonantes giran en torno a momentos en los que tu pareja quiere saber más de lo que estás dispuesto a divulgar sobre trabajo, sentimientos, pensamientos, amigos, familia, planes para el futuro, experiencias pasadas, pasatiempos, sueños, intereses, comida, viajes o preferencias musicales y artísticas. Desearías que tu pareja aceptara la información que das voluntariamente sin hacer más preguntas. No te gusta que tu pareja trate de conectar contigo cuando lo que necesitas es espacio y silencio. Quiere más expresiones de afecto físicas y verbales de las que estás dispuesto a dar sin incomodarte. Para ti, tu pareja es demandante.

¿Recuerdas a Eddie, que se siente incómodo cuando Chandra le dice que lo ama? (capítulo 1). Como su estilo de apego es evitativo, el afecto de Chandra se vuelve para él un detonante dominante en la pareja. También lo es la necesidad que ella tiene de su atención. Eddie puede caer fácilmente en ciclos de culpa cuando Chandra le pide que la tome de la mano cuando están en público: "Ella es tan controladora. Me está ahogando. Ojalá me dejara solo". Eddie también puede culparse: "No soy bueno en las relaciones. No puedo darle lo que ella quiere. Quizá no sé cómo amar". En sus ciclos de duda, se pregunta: "¿Alguna vez seré feliz? ¿Es posible estar satisfecho? ¿Y si no estoy hecho para nada de esto?". En los ciclos de autocompasión, se siente como la víctima de Chandra: "Es demasiado exigente. No es justo. ¿Por qué siempre acabo con mujeres demandantes?".

Cuando Eddie se entrega a los ciclos de control, repasa sus pensamientos sobre qué compartir con Chandra y qué guardarse para sí mismo con el fin de controlar las reacciones de ella hacia él. "Si le cuento sobre mi viaje, se enojará. Mejor me lo guardo. No quiero comentarle ningún detalle sobre mis planes con mi familia para las vacaciones, porque si no, esperará que la invite." Cuanto más busca seguridad e invulnerabilidad ocultándole a Chandra sus planes, sentimientos, necesidades, deseos y miedos, más llena Eddie el campo de su relación con omisiones tóxicas.

Ejercicio individual: Evaluación de tu estilo de apego

Para analizar tu estilo de apego, refleja en los siguientes pares de afirmaciones. Para cada caso elige solo una de las dos afirmaciones: no elijas una que refleje cómo te gustaría sentirte; elige la que más se ajusta a tu situación. Si crees que ambas declaraciones de cada par se adaptan a tu caso por igual, elige cuál de las dos refleja tus necesidades emocionales más profundas.

Escribe la letra que represente tu elección en tu diario o descarga el PDF con la plantilla para este ejercicio en <http://www.newharbinger.com/50034>.

A. Tengo la necesidad de estar más cerca de mi pareja de lo que actualmente lo estoy.
B. Tengo la necesidad de más espacio y tiempo para mí mismo dentro de mi relación.

A. Me gustaría saber más sobre lo que piensa y siente mi pareja, y sobre su mundo interior.
B. Respetar la privacidad y la necesidad de separación es una prioridad para mí dentro de mis relaciones.

A. Me gustaría que hiciéramos más cosas divertidas juntos como pareja.
B. Tener la libertad de perseguir tus propios intereses ayuda a mantener una relación.

A. Siento que puedo soportar lo que sea, siempre y cuando mi pareja y yo nos mantengamos conectados.
B. Para estar conectados se emplea mucho esfuerzo y energía, y no siempre estoy seguro de hacerlo bien.

A. Me siento más relajado cuando mi pareja me reafirma su compromiso.
B. Me siento más relajado cuando no hay presión por establecer compromisos sólidos y apresurados.

Más respuestas A que B sugieren que tiendes hacia un estilo de apego preocupado. Más respuestas B que A sugieren que tiendes a un estilo de apego evitativo.

ESTILO DE APEGO EN PAREJA

Las parejas pueden sacar provecho si comprenden su estilo de apego en pareja (EAP). Su EAP es la combinación dinámica de sus dos estilos de apego por separado. Puede influir en la interacción de los detonantes de su relación y tiene en cuenta la frecuencia y la intensidad de sus ciclos de rumiación.

Claramente, los conflictos con las parejas suelen sentirse como algo profundamente personal. A pesar de haberse originado en el pasado, los estilos de apego siguen influyendo en ambos como pareja al alimentar los conflictos normales con los que luchan prácticamente todas las parejas con tu mismo EAP. Al ver los conflictos a través de la lente de tu EAP, das un paso atrás en tus discusiones, dejas que se calmen las aguas y te concentras en la manera en la que los estilos de apego duraderos te forjaron como persona.

Cuando persigues algo, te aferras de algo o te reprimes de algo, tu amígdala sigue adjudicando mensajes de alerta roja a los peligros y amenazas pasados. A veces, estos peligros están presentes con tu pareja. Actualmente, ya de adulto, dispones de recursos de los que no podías disponer de niño. No pudiste elegir a tus primeros cuidadores, pero sí puedes elegir a tu pareja (y lo haces). ¿Puedes estar con la incomodidad que te evoca su deseo de proximidad o distancia en lugar de obsesionarte con ello?

Preocupado–evitativo

El estilo de apego en pareja preocupado–evitativo prepara a las parejas para una desafortunada profecía que, por su propia naturaleza, tiende a cumplirse, a menos que den los pasos hacia una pareja con estilo de apego más del estilo seguro–seguro. Los ciclos de rumiación del miembro preocupado de la pareja se ponen en marcha a causa del distanciamiento emocional de su pareja evitativa.

Los pensamientos negativos y repetitivos en la mente de aquella persona preocupada dentro de la pareja se filtran en el campo de la relación como energía agresiva, palabras de crítica y conductas controladoras. Si el miembro evitativo de la pareja también rumia, sus pensamientos negativos y repetitivos se filtrarán también en el campo de la relación.

La mayoría de las peleas en el EAP preocupado-evitativo siguen un patrón predecible. La parte preocupada desea más proximidad, y la parte evitativa se cierra en banda y se vuelve menos receptivo. La pareja preocupada redobla su culpa, sus críticas o su autocompasión, esperando así que su pareja vuelva a comprometerse. Para la pareja preocupada, incluso una reacción negativa es mejor que la aparente indiferencia de su pareja evitativa. En un círculo vicioso, la parte evitativa de la pareja se retrae aún más y se cierra en sí misma, ya que se confirma lo que piensa de que se están despreciando totalmente sus límites. Como último recurso puede llegar incluso a gritar, insultar a su pareja o amenazar con marcharse, esperando crear así el espacio que necesita para volver a sentirse seguro espantando a su pareja. De este modo, se confirma lo que la parte preocupada de la pareja cree: su otra mitad es malvada, egoísta o poco fiable.

Eddie y Chandra encajan en el perfil de la EAP preocupada-evitativa. La diferencia entre el pastel de amor cubierto de *fondant* con el que soñaba Chandra cuando su compañera de cuarto los presentó y las migajas que obtiene la dejan hambrienta de amor y llena de ciclos de culpa dirigidos principalmente hacia sí misma: "¿Por qué soy tan insegura? ¿Por qué no puedo ser feliz? Lo estoy alejando. ¿Qué hay de malo en mí?".

Eddie resiente la insatisfacción de Chandra. Su ligera infelicidad flota en el aire y lo llena cuando están juntos como si fueran esporas de moho. A él le cuesta respirar a su alrededor. Trata de pasar su tiempo libre con sus amigos, siempre que se le ocurre una excusa para hacer algo sin ella. Con el tiempo, los ciclos de rumiación de Chandra pasan de culparse a sí misma a ciclos de preocupación y de control. Ella comienza a revisar los mensajes de texto de Eddie y a seguir a sus amigos en las redes sociales, en busca de pruebas de que la está engañando.

Conforme vayas practicando SLOW en los siguientes capítulos, aprenderás a darte cuenta de si tus interacciones se parecen a las de Chandra y Eddie y a cómo cambiar esta dinámica de EAP. También comenzarás a ver y a identificar tus pensamientos y tus ciclos de rumiación para que puedas interrumpirlos. Cuando te abres a las vulnerabilidades que alimentan los pensamientos obsesivos, puedes estar con el dolor emocional con mayor frecuencia en lugar de dejarlo de lado de formas que alimenten tu sufrimiento. También puedes acoger tus propias vulnerabilidades como una parte valiosa de quien eres. De este modo, es más fácil responder a los detonantes con tranquilidad y avanzar hacia un EAP de un tipo más seguro-seguro.

Evitativo-evitativo

Las personas con un arraigado estilo de apego evitativo no suelen estar mucho tiempo en pareja. Dos personas con un estilo de apego evitativo-desvalorizador pueden llegar a salir unas cuantas veces, disfrutar de su mutua compañía durante un tiempo o tener una apasionada conexión sexual, pero en cuanto las cosas comienzan a ponerse serias, suelen perder el interés. Minimizan o devalúan la importancia del compromiso, se ignoran la una a la otra, cancelan las citas o insisten en que la relación es demasiado pesada o agobiante y necesitan tiempo separadas para aclarar sus ideas.

Cuando dos personas acaban en un EAP evitativo-evitativo, una de ellas tiende a ser evitativa-desvalorizadora y la otra evitativa-temerosa. En el apego evitativo-desvalorizador se minimiza la importancia de la pareja, se desprecia o se niega. En el apego evitativo-temeroso, amar se percibe como algo vulnerable —y terrorífico—, ya que el rechazo, el dolor y la pérdida se asocian a la vulnerabilidad.

Bernadette y Rajid comenzaron su relación con este estilo de apego en pareja. Bernadette es evitativa-desvalorizadora, y Rajid es evitativo-temeroso. Viven en ciudades distintas. Llevan un año viéndose una vez al mes. A Rajid le gustaría visitar más a menudo a Bernadette, aunque no se lo plantea a ella. El conflicto interior que experimenta entre su deseo de mayor contacto y su miedo a la vulnerabilidad pone en marcha ciclos frecuentes de rumiación de duda y preocupación.

"La mayoría de los hombres me tendría envidia. El sexo, cuando nos vemos, es increíble, y el resto del tiempo soy libre como el viento. ¿O será que me estoy engañando a mí mismo? ¿Está jugando conmigo? Sé que también se ve con más chicos. Al menos es honesta. No tenemos ataduras, así que, ¿por qué no puedo olvidarme de ella?"

Cuando Rajid admite que quiere pasar más tiempo con Bernadette, ella dice: "Ay, qué lindo, me halagas, pero ya te he dicho que no busco algo serio".

Las parejas evitativas-desvalorizadoras no suelen entrar en el mismo grado de rumiación en las relaciones que quienes encajan en los estilos de apego evitativos-temerosos o preocupados. Su estilo tiende a mantenerlos al margen de las relaciones amorosas comprometidas. Si acaban por comprometerse con alguien, a menudo seguirán considerándose a sí mismas en privado como personas solteras. Este era el caso de Margo, a quien recordarás del capítulo 1. Hacía girar ciclos de control justificando su decisión de no compartir información con Kerri cuando quedó con una atractiva colega después del trabajo. Lo que muchas parejas evitativas-desvalorizadoras creen —y no dicen en voz alta— es "mantendré las apariencias y cumpliré con mi papel, pero mi auténtico yo permanecerá en la sombra".

Tanto las parejas evitativas-desvalorizadoras como las evitativas-temerosas pueden desarrollar un estilo de apego más seguro con el tiempo. Al reconocer su EAP pueden centrar su atención en sus conductas que minimizan la relación o evitan la intimidad. Pueden darse cuenta y cuestionarse sus ciclos de pensamientos obsesivos en lugar de aceptarlos ciegamente como ciertos. Las parejas que comparten este estilo pueden explorar los miedos y necesidades más profundos que subyacen bajo sus pensamientos y comportamientos de búsqueda de distanciamiento en lugar de caer en el resabido "soy como soy".

Preocupado-preocupado

Las dos partes de un estilo de apego en pareja preocupado-preocupado se aferran el uno al otro para crear seguridad. Les cuesta mucho funcionar de forma independiente. Las tareas y responsabilidades cotidianas como ir de compras o a trabajar pueden suponer todo un reto para las parejas con este EAP.

Cuando Vince y Ronald se conocieron, pensaban que habían encontrado un refugio seguro en su relación. Ambos habían estado antes con parejas evitativas. La soledad y la frustración eran la norma para ellos en sus relaciones. Su apego mutuo fue una experiencia nueva y un gran alivio. Sin embargo, los miedos que alimentaban sus ciclos de rumiación no habían desaparecido. A pesar de la necesidad mutua que sentían el uno por el otro, seguían aferrándose y controlando, del mismo modo que habían hecho con sus exparejas evitativas.

La dieta de Ronald se convirtió en un detonante para Vince. Cuando Ronald se dio un atracón de comida procesada, en Vince se desencadenaron los ciclos de rumiación de control, de culpa y de autocompasión: "Ronald come fatal. Tiene la presión arterial alta. Si me amara de verdad, comería alimentos más saludables. Tengo que limpiar nuestra alacena y tirar toda la comida basura. ¿Por qué no hace todo lo que está en sus manos para cambiar por nosotros?". Las discusiones se centraban en que Vince estaba paranoico y era muy controlador y que Ronald era un irresponsable y se estaba destruyendo a sí mismo.

Ronald también tenía miedo de que algo horrible le pasara a Vince, lo que aumentó su ansiedad. Siempre que Vince se iba a trabajar, por la mente de Ronald pasaban imágenes de todas las catástrofes posibles que podían hacer que no regresara a casa. Se imaginaba virus contagiándolo, accidentes automovilísticos y pistoleros renegados, y entonces se consolaba con la comida rápida y dulces.

Los ciclos de rumiación de Vince y Ronald siguieron girando hasta que comenzaron a aprender a conciliar su temor a la pérdida y el abandono en lugar de defenderse contra ellos solo con pensamientos obsesivos.

Preocupado-seguro

En un estilo de apego en pareja preocupado-seguro se necesita tiempo para que la parte con un apego preocupado adquiera confianza. Las experiencias positivas constantes con una pareja más segura en su estilo de apego pueden inclinar la balanza. Si eres la persona con un apego seguro en este EAP, tu reto será seguir siendo paciente y comprensivo. Puede resultar difícil hacerlo mientras estableces límites y respetas tus necesidades.

Los ciclos de rumiación de las parejas con un estilo de apego preocupado suelen tener muy poco que ver con la experiencia que su pareja con un estilo de apego seguro tiene de sí misma. Las personas con estilo de apego preocupado reaccionan ante sus propios pensamientos negativos y repetitivos cuando no están en contacto con las intenciones reales de su pareja.

Una persona con un estilo de apego preocupado que está en una relación con otra persona con un estilo de apego seguro puede reducir sus pensamientos obsesivos si reconoce sus detonantes. También puede darse cuenta de sus ciclos de rumiación. Las personas con apego preocupado pueden reducir su ansiedad si aprenden a estar con lo que está ocurriendo en el momento y hacen las paces con sus propias vulnerabilidades y sus necesidades de apego en lugar de pensar crónicamente en cómo salir de su incomodidad. Aprenderás cómo hacerlo más a menudo cuando te presente SLOW en los capítulos 4 a 7.

Trudy y Sean encajan en este perfil de EAP. Al principio, Trudy pensaba que Sean era "aburrido". Nunca había salido con un hombre con un estilo de apego seguro. Era equilibrado y seguro de sí mismo.

Los ciclos de rumiación de Trudy solían tender hacia la duda y la preocupación: "¿Y si no lo amo? ¿Y si no me ama? No estoy segura de que sintamos una atracción real. Mi ex era horrible, pero el sexo era maravilloso. ¿Y si me estoy conformando con Sean? Sí, esto es muy fácil y cómodo, pero... ¿es amor?".

Tras seis meses saliendo, Trudy rompió con Sean. Le dijo que buscaba más pasión. Sin embargo, después de salir con otros hombres con estilos de apego evitativos, se dio cuenta de que había confundido el drama alimentado por la adrenalina con la pasión. Cuando se puso en contacto con Sean, ella le dijo que estaba arrepentida de haber roto con él, y le dijo que quería volver a intentarlo, pero él ya había pasado página.

Como las expectativas de Sean en una relación eran más equilibradas a lo que Trudy estaba acostumbrada, él no había puesto en marcha los mismos ciclos de rumiación dolorosos que ella había llegado a asociar con el amor en sus previas relaciones sentimentales. El apego seguro con Sean se había sentido extrañamente normal. A pesar de haber perdido a Sean, Trudy descubrió que cada vez le atraían más personas con estilos de apego seguro. Había comenzado a apreciar la seguridad y la confianza que había experimentado en un EAP preocupado-seguro.

Evitativo-seguro

En un estilo de apego en pareja evitativo-seguro, la persona con el estilo de apego seguro no reacciona exageradamente ante los comportamientos de distanciamiento de la persona con estilo de apego evitativo de la misma forma que lo hacen las parejas con estilo de apego preocupado. Si la persona con apego evitativo encuentra incómoda esta nueva dinámica, es posible que se comporte indebidamente. Esto puede hacer que la parte segura de la pareja reaccione de forma ansiosa, crítica o enojada que recuerde a las reacciones de una pareja con apego preocupado en la misma situación.

Es posible que la persona con un estilo de apego evitativo en este EAP se descubra experimentando más libertad y confianza con una pareja que le dé el espacio suficiente mientras se mantiene firme y confiable al mismo tiempo. Si está acostumbrada a las parejas con un estilo de apego preocupado que amenazan con irse y después se aferran a ella, las respuestas moderadas, comedidas o racionales de una pareja con apego seguro en momentos clave pueden hacer que aquel con un apego evitativo comience a revisar su visión del amor basada en el temor.

Con el tiempo, conforme las experiencias arraigadas en un apego seguro vayan sucediendo más a menudo, y contradigan la rumiación basada en el temor de la pareja con estilo de apego evitativo, su estilo puede irse suavizando. Es posible que comience a aprender y a usar una mayor gama de respuestas en momentos y situaciones que antes le resultaban desencadenantes.

Este fue el caso de Wilson y Ella. Desde sus primeros años de adolescencia, Wilson había salido con mujeres que querían más tiempo, atención, proximidad e intimidad de lo que él podía darles. Estas relaciones habían resultado arruinadas por ciclos de rumiación, juicios, críticas y comentarios y conductas pasivo-agresivas. Los campos de relaciones cargados negativamente y llenos de desprecio y hostilidad era lo único que conocía Wilson. Cuando comenzó a salir con Ella, temía el momento en el que le contara que había planeado un viaje para escalar montañas con unos amigos.

Para su sorpresa, la respuesta de Ella fue: "¡Pásalo bien!".

Wilson pensó que era una trampa. Cuando regresó, Ella le preguntó con curiosidad por su aventura. Wilson se preparó para los actos de resentimiento de Ella, sus comentarios sarcásticos y para que dejara de amarlo. En lugar de eso, ella siguió siendo cariñosa. Poco a poco, Wilson dejó de esperar reacciones negativas siempre que dedicaba tiempo para él.

Ella solía sentirse bastante segura en las relaciones. Creía que Wilson disfrutaba de su compañía, pero sabía que también le gustaba pasar tiempo a solas o con sus amigos. Aunque ella no necesitaba pasar tanto tiempo a solas como él, también lo disfrutaba en algunas ocasiones. Esto no quería decir que fuera sumisa ni que se callara sus sentimientos cuando Wilson la lastimaba. Cuando él no tenía consideración o se portaba de forma irresponsable, ella le expresaba directamente lo que sentía y le pedía que modificara su conducta. También se propuso decirle con frecuencia que lo apreciaba de verdad.

Al principio, Wilson tenía miedo de que Ella no lo amara de verdad. Pensaba que el amor y el ser posesivo eran sinónimos. Ser amado en lugar de controlado le resultaba algo desconocido. Le tomó tiempo confiar en que Ella no iba a avergonzarlo por buscar su espacio con frecuencia. Aunque seguía planeando viajes él solo y con amigos, aumentó su capacidad de intimidad con Ella. Se relajó en la seguridad del campo de su relación y comenzó a disfrutar del amor sin dramas.

Seguro-seguro

En un estilo de apego en pareja seguro-seguro ocurre lo siguiente:

- ambos miembros de la pareja pueden ser al mismo tiempo independientes y dependientes

- los miembros de la pareja se ven como aliados que están en el mismo equipo
- no esconden ni disfrazan sus vulnerabilidades
- reconocen y expresan sus miedos, sus necesidades y deseos
- trabajan para comprender el punto de vista de su pareja
- están deseosos por adaptarse y crecer
- el campo de la relación de pareja en este EAP apoya la interdependencia, los límites positivos y la seguridad
- la omisión expresiva y tóxica y las fugas energéticas disminuyen con el tiempo

Las parejas con este EAP son menos propensas a pensar obsesivamente en su relación, porque la forma en la que se sienten, se expresan y actúan está en sincronía con sus necesidades de apego. La mayor parte del tiempo no dejan que sus temores de ser juzgados o rechazados dominen su compromiso por expresar su verdad. Tampoco usan la sinceridad como una excusa para ser descorteses ni irrespetuosos. Pueden comunicarse directamente entre sí y compartir sus necesidades, sus temores y sus vulnerabilidades en lugar de distraerse con ciclos de rumiación.

Cuando algo les saca de quicio, las parejas seguras no le dan demasiadas vueltas a lo que su pareja hizo mal o lo que ellos podían haber hecho mejor. Ven los errores y defectos de su pareja, pero también se fijan en su propia contribución a los problemas.

ELIGE TU AVENTURA DE EAP

En todos los estilos de apego en pareja existen tres posibles resultados:

1. La pareja avanza (o mantiene) hacia una dinámica de apego seguro-seguro.
2. La pareja se mueve hacia una dinámica más turbulenta o distante.
3. Uno o ambos miembros de la pareja abandonan la relación.

En un EAP seguro-seguro ambos miembros de la pareja confían en el amor. Puede que no al cien por ciento, y puede que no siempre, pero sí en su mayor parte y con frecuencia. Pueden relajarse sobre las incertidumbres inherentes a las relaciones. En lugar de aferrarse a un momento de felicidad o a una pareja idealizada, trabajan con el ir y venir de sus cambios de estados de ánimo y circunstancias y los de su pareja. Nada permanece igual. Los conflictos y las decepciones forman parte de amar. Abandonan la fantasía de alcanzar un estado fijo de dicha eterna e inamovible.

En lugar de evitar la incomodidad, las parejas en un EAP seguro-seguro se vuelven mejores en sobrellevarla, por su cuenta y como pareja. Convierten la comunicación consciente en un hábito, y hablan y escuchan con sinceridad y respeto como norma y no como la excepción. Reparan después de los conflictos, reconocen su parte en las desconexiones, aprenden de los errores y hacen lo que tienen que hacer para superar reclamos pasados. Las parejas en un EAP seguro-seguro pueden estar juntos y separados dentro de un campo de relación en el que la interdependencia, los límites positivos y la seguridad son la prioridad.

Las investigaciones revelan que los estilos de apego no son absolutos. A veces, incluso dependen de cada relación. Wilson y Ella avanzaron hacia un EAP más seguro-seguro. Gracias a su experiencia con Sean, el estilo preocupado de Trudy cambió hacia uno seguro. Un estudio llevado a cabo en la Universidad de Ottawa en el que examinaban los apegos de los participantes en una serie de relaciones (padres, amigos y parejas sentimentales) sugiere que los patrones de apego pueden depender del contexto (Caron *et al.*, 2012). Intenta visualizar los estilos de apego como un espectro con "seguro" en el medio y "preocupado" y "evitativo" en cada uno de los extremos. Tu posición en el espectro puede ser distinta en cada relación. Si reconoces que estás en un extremo y tu pareja en el otro, cada uno puede ir dando los pasos necesarios para desplazarse hacia el terreno más seguro del medio.

Preocupado **Seguro** **Evitativo**

Aunque no están grabados en piedra, los estilos de apego tampoco son fluctuantes. Son tus modelos internos de funcionamiento de las relaciones que se han visto reforzados por medio de incontables interacciones con los demás, a menudo durante décadas. A diferencia de las preferencias o los estados de ánimo pasajeros, estos no van y vienen con facilidad. No esperes que cambien de la noche a la mañana. Los viejos patrones se transforman cuando las nuevas experiencias interpersonales más seguras las contradicen una y otra vez y establecen un nuevo patrón.

Cuando vayas cambiando en el espectro del apego, sé compasivo contigo y con tu pareja. Ninguno de ustedes eligió su estilo de apego. Es la forma en la que aprendieron a sobrellevar el dolor y el miedo. El estilo de apego que desarrollaron fue la "mejor" (y, a veces, la única) opción para mantener la conexión con las personas que necesitaron de pequeños. Se relacionaban con los cuidadores de los que dependían para su supervivencia física y emocional aferrándose a ellos, buscando, minimizando sus propias necesidades, cubriéndolas de forma indirecta o bloqueando las conexiones intrusivas de la mejor manera posible.

Cambiar tu estilo a lo largo del espectro del apego tomará su tiempo, que dependerá del trabajo de curación personal que lleves a cabo y del apoyo que tengas. No caigas en ciclos de rumiación cuando resurjan tus patrones de EAP. Ser consciente de tu EAP es un paso hacia delante en el cambio hacia un territorio más del estilo seguro-seguro. Sea cual sea el EAP que mejor describa sus estilos conjuntos, celebra tu voluntad de reconocer tu pareja y da pequeños pasos para cambiar tu dinámica. Considera el apego seguro como una práctica, no un destino.

El crecimiento se da con el tiempo. Muy pocas veces es lineal. Siempre que estés separado de tu pareja y consigas tranquilizarte, es ganancia.

Siempre que logres superar periodos de proximidad o distanciamiento que te provoquen ansiedad de forma tranquila y relajada, es otra ganancia. Siempre que dejes pasar el aferrarte o el evitar, aunque solo sea durante unas pocas respiraciones, también es ganancia.

Tus relaciones previas no tienen por qué dictar la forma en la que actúes ahora. Lo que ves como un fracaso en el momento puede ser una victoria en ciernes si puedes dar un paso atrás y pensar en el largo plazo.

EJERCICIO CONJUNTO: NUESTRO EAP ACTIVO

Revisen la evaluación del estilo de apego que ambos completaron previamente en este capítulo. Escriban sus estilos de apego separados por un guion. Este es su EAP activo, un resumen de las necesidades y temores subyacentes que chocan, a veces, y desencadenan ciclos de rumiación. Usen su EAP como una herramienta de sensibilización. Revísenla cuando cambien sus dinámicas.

Reflexiona sobre las siguientes preguntas o comparte tus respuestas con tu pareja (consulta las responsabilidades del hablante y el oyente en la introducción si necesitas recordar cómo crear seguridad y una conexión de apoyo).

- ¿Cuál sería una forma en la que comprender tu EAP podría ayudar cuando se active una conexión amenazante, sobre todo por tu deseo de tener más proximidad o más espacio?
- ¿Cómo ayuda tener en mente tu EAP para abordar de forma menos personal los conflictos?
- ¿Qué puedes hacer para acercarte hacia un EAP más seguro-seguro?

En este capítulo aprendiste sobre el campo de las relaciones. Si no se controla, la rumiación las contamina, y eso conlleva una desvitalización, fallos en los límites y ansiedad. En cambio, reducir la rumiación apoya la interdependencia, los límites positivos y la seguridad en tu campo. Has conocido los tres estilos de apego básicos: seguro, preocupado y evitativo, y seis estilos de apego en pareja (EAP): preocupado-evitativo, evitativo-evitativo, preocupado-preocupado, preocupado-seguro, evitativo-seguro y seguro-seguro. El EAP tiene en cuenta la frecuencia y la intensidad de la rumiación. Aunque no cambia de la noche a la mañana, puedes desarrollar un EAP más del tipo seguro-seguro.

En el siguiente capítulo, descubrirás uno de los factores que más influyen a la hora de reducir los pensamientos obsesivos: tu mentalidad.

Capítulo 3

La mentalidad básica de SLOW

Nuestra mentalidad influye en nuestras actitudes, creencias y valores. Y en el sentido contrario: nuestras actitudes, creencias y valores influyen en aquella. Una diferencia de mentalidad entre dos parejas puede ser la causa de que una misma crisis les afecte de forma opuesta. Por ejemplo, una aventura amorosa puede llevar a que la pareja entre en recurrentes ciclos de culpa, ataques y contraataques con consecuencias devastadoras. Pero también hay parejas cuya mentalidad con el tiempo les permite ver una *aventura amorosa* con una especie de gratitud solemne, a pesar del dolor emocional que pueda evocar en ellos seguir pensando en eso.

Las parejas pueden cambiar su mentalidad para superar bloqueos sexuales y revitalizar su relación cuando la pasión decrece. Una nueva mentalidad puede ayudarles a renovar su compromiso con el otro en lugar de vivir vidas paralelas cuando sus hijos crezcan y se vayan de casa. Una crisis puede desafiar a la pareja a mostrarse vulnerables por separado y entre ellos, ver lo que es verdad para ellos y reconectar con sus prioridades como pareja.

Tu mentalidad es uno de los factores que más influyen a la hora de reducir la rumiación en la pareja. Moldea la forma en la que manejas y percibes los contratiempos. Determina si te comprometes o no con las nuevas prácticas, herramientas o técnicas o si vuelves a caer en las viejas formas de pensar y afrontar las cosas que ya conoces. Tu mentalidad moldeará el éxito que experimentes y la forma en la que percibas los obstáculos y las decepciones conforme vayas aprendiendo y comenzando a usar SLOW, la práctica de interrumpir la rumiación al ver, identificar, abrirse y acoger.

UNA MENTALIDAD FIJA

La psicóloga Carol Dweck (2007) propone que las personas operan desde una de las dos mentalidades principales: fija y de crecimiento. Si tienes una mentalidad fija, para ti las personas y las situaciones son fijas e invariables. Ves el mundo de una determinada forma. Sin importar lo que la gente haga o no haga, crees que se quedarán igual. Las mentalidades fijas refuerzan creencias del tipo "soy como soy". También creencias como "soy como soy" pueden reforzar las mentalidades fijas. De cualquier manera, con una mentalidad fija crees que "las cosas no cambian" y "la vida es como yo la veo".

Nadie asume una mentalidad fija por mala voluntad. Nadie quiere inhibir su propio crecimiento. Al mismo tiempo, si has desarrollado una mentalidad fija, eso reforzará el pensamiento de blanco y negro, y las expectativas inflexibles de ti mismo, de otras personas y de tu relación. Aunque es posible que no hayas configurado así tu mente de forma intencionada, sí es tu responsabilidad reajustarla para favorecer un nuevo crecimiento.

"¿Por qué tengo que cambiar? ¿Qué sentido tiene cuestionar mis creencias? Tengo un buen motivo para ver el mundo como lo veo. ¿Es este el planteamiento correcto?"

No es extraño experimentar ciclos de duda cuando te abres a una mentalidad de crecimiento. Cuando las parejas con mentalidades fijas tratan de aprender algo nuevo, pueden llegar a sentirse confusas y amenazadas. Alguien que se ha enfrentado a la vida principalmente con una mentalidad fija no abandonará al instante el poder, la fuerza y el control que parecen acompañar al hecho de ser un experto, saber lo que es "correcto" o tener todas las respuestas. Abrirse a un nuevo planteamiento que implique "no saber" es un proceso. Si puedes estar con los ciclos de duda que surgen mientras cambias tu mentalidad en lugar de perderte en el contenido de tus pensamientos, te ayudarás a ti mismo a abrirte a una forma nueva y más flexible de percibir las cosas.

Es posible que tu mentalidad por defecto sea "fija" si te ocurre lo siguiente:

- ves a las personas y las situaciones como algo fijo e invariable
- tienes poca fe en el crecimiento y la superación personales
- ves las cosas en términos binarios: las personas pueden hacer las cosas o no pueden hacerlas
- crees que cada individuo por separado (así como categorías enteras de gente) tiene rasgos o características invariables que moldean la forma en la que se comporta y su esencia medular (por ejemplo, "Los ricos son malos", "Los hombres no pueden ser cariñosos", "Los vecinos son chismosos")
- cuando consideras hacer un cambio, piensas que es demasiado tarde o es demasiado complicado
- muchos de tus puntos de vista encajan en rígidas categorías opuestas: bien o mal, bueno o malo, sano o perjudicial

- cuando tu pareja te pide que cambies, lo desestimas con un "soy como soy"
- cuando tu pareja trata de cambiar, lo descartas con "es como es"
- consideras que los pequeños cambios positivos son demasiado pequeños o irrelevantes

UNA MENTALIDAD DE CRECIMIENTO

Una mentalidad de crecimiento te ayuda a ver las posibilidades en situaciones difíciles. Te prepara para reconocer y disfrutar de las pequeñas victorias , aquellos momentos en los que haces algo nuevo que favorece el cambio positivo. Con el tiempo, las pequeñas victorias se acumulan para establecer la diferencia. Ver oportunidades de aprendizaje en los llamados problemas, errores, fallos, fracasos y desafíos es la esencia del aprendizaje. Como deshacer la rumiación no es un objetivo que se logre pulsando una sola vez el interruptor, te irá mejor cuando puedas disfrutar de las pequeñas victorias a lo largo del camino sin obsesionarte con las decepciones y los contratiempos inevitables.

Cambiar a una mentalidad de crecimiento facilita la práctica de SLOW, sobre todo cuando te esfuerzas activamente en ser paciente, curioso y desapegado. Esto se debe a que la práctica de SLOW implica estar deseando dejar ir lo que sea que estés pensando ahora sobre una situación o experiencia para descubrir aquello de lo que aún no eres consciente.

Es posible que ya te estés enfrentando a la vida con una mentalidad de crecimiento si tienes las siguientes actitudes:

- ves oportunidades de crecimiento en los llamados errores, contratiempos y problemas

- crees que tanto tú como tu pareja pueden cambiar para mejorar su relación
- aspiras a la interdependencia, los límites positivos y la seguridad con tu pareja
- crees que todo el mundo es capaz de crecer en cualquier momento de su vida
- ves potencial en el cambio positivo en las situaciones difíciles
- poquísimas veces ves las situaciones, a las personas y los acontecimientos en términos binarios
- aprecias la forma en la que pueden ser las personas y las situaciones complejas
- valoras los pequeños cambios positivos como "victorias" y los celebras

Cambiar a una mentalidad de crecimiento facilita la práctica de SLOW, porque te prepara para el aprendizaje y el descubrimiento, para aceptar que las personas y las situaciones son más complejas de lo que pueden parecer, y porque te hace confiar en que el cambio duradero se desarrollará de forma natural, incluso cuando lo apoyes con cambios ordinarios y cotidianos. Como no esperas el éxito inmediato en tus propios términos y plazos, tienes menos probabilidad de darte por vencido en el crecimiento antes de tiempo.

Ejercicio individual: Mis pequeñas victorias

Las pequeñas victorias son momentos en los que haces algo que apoya el cambio positivo aunque te resulte incómodo. Una pequeña victoria es decidir centrarse en una respiración en lugar de reaccionar ante un tono áspero que advertiste en la voz de tu pareja. Es tener curiosidad auténtica sobre la frustración de tu pareja en lugar de perderte en una actitud defensiva. Es darse cuenta de que, cuando tu pareja no cambia el rollo de papel higiénico, para ti es un detonante. Es identificar uno de tus ciclos de rumiación. Es decidir estar con una experiencia interna en lugar de pensar de forma crónica en lo que ha provocado.

En tu diario, escribe "Mis pequeñas victorias" en la parte superior de una página. Debajo, escribe la palabra "Hoy" al principio de cinco o seis líneas en una columna hacia debajo de la página. Después, escribe algunas de tus últimas pequeñas victorias tras la palabra "Hoy". Por ejemplo, puedes escribir: "Hoy me di cuenta de que, cuando nadie cambia el papel higiénico en el baño, para mí es un detonante" u "Hoy reconocí que caí en un ciclo de autocompasión cuando mi mujer se fue en bici con amigos".

Añade a esta lista cada día y léela con frecuencia. Puedes encontrar un PDF con la plantilla para este ejercicio en <http://www.newharbinger.com/50034>.

REVISA TU MENTALIDAD

La mayoría de los cambios psicológicos duraderos siguen el modelo de dos pasos hacia delante y un paso hacia atrás. Con una mentalidad fija es posible que malinterpretes los momentos en los que se da un paso atrás como fracasos. Pero ¿y si cada paso atrás fuera en realidad un preludio esencial para el siguiente paso adelante?

Conforme vayas leyendo este libro ve revisando tu mentalidad cada vez que te quedes atascado. Si te sientes frustrado, vuelve a leer la lista de características de una mentalidad fija. ¿Alguno de los elementos de la lista describe cómo estás percibiendo tu progreso? Vuelve a leer las características de una mentalidad de crecimiento. ¿Estás dispuesto a confiar en cómo se desarrolla tu experiencia para aprender o descubrir algo nuevo?

Es posible que tengas que adoptar una mentalidad de crecimiento muchas veces mientras te vas abriendo a no saber y a cambiar poco a poco, sobre todo cuando comienza el proceso SLOW que describo en los capítulos 4 a 7. Ser paciente y curioso te ayudará a cambiar de mentalidad. Ser paciente y curioso te ayudará a abandonar la mentalidad fija. Lo mismo ocurrirá si abandonas la creencia de que el crecimiento debe producirse tal y como lo imaginas y en el plazo previsto.

Paciencia

La educadora sexual Emily Nagoski (2015) llama "el monitor", al bucle mental de retroalimentación entre lo que queremos y lo pronto que esperamos conseguirlo. Basándose en las investigaciones de Charles Carver y Michael Scheier (2012, 2013), Nagoski propone que este "monitor" interno se satisface cuando alcanzas tus objetivos en el plazo que tú estableces y se frustra cuando no lo logras. Tu monitor evalúa lo cerca (o lejos) que estás de tus deseos y si crees o no que tus esfuerzos están siendo recompensados con la suficiente rapidez. Reacciona ante el tiempo que demoras en alcanzar tus objetivos en comparación con el tiempo que crees que deberías tardar. Aunque es normal desear las cosas a tu forma y tiempo, si no puedes ajustar tu monitor interno cuando surgen obstáculos, es más probable que renuncies a tus objetivos solo por frustración.

El crecimiento personal puede resultar estresante para las personas con monitores demasiado entusiastas. Las personas que desean mejorar su relación pueden llegar a interpretar su aparente falta de progreso como un fracaso. Pero cambiar las dinámicas de tus relaciones —así como cambiar tus patrones mentales— no es lo mismo que cambiar de guardarropa o de trabajo. Los objetivos y plazos inflexibles socavan el progreso. Cuando se trata de estar con tus propios miedos y vulnerabilidades, no puedes forzar el cambio. No puedes abrirte como una ostra y forzar a tu subconsciente para que te entregue sus perlas. Si quieres reducir la rumiación y alimentar el amor, la paciencia es importante. La mayoría de los cambios duraderos llevan su tiempo.

Ser paciente con tu proceso de cambio exige que dejes ir al tiempo que te aferras. Aprender a ser paciente mientras practicas SLOW equilibrará la urgencia de querer que todo mejore cuanto antes con el respeto por tu proceso orgánico. Piensa en el crecimiento psicológico que estás invitando y apoyando por medio de una mentalidad de crecimiento más como un movimiento hacia el crecimiento que un milagro repentino del estilo de *Juanito y los frijoles mágicos*.

Ser paciente significa aceptar la vida como es, al menos por ahora. Es una forma de darte crédito a ti mismo, a tu pareja y a su relación. Te ayuda a volver a calibrar tu monitor y adaptarte a obstáculos imprevistos. Encuentra cosas que celebrar por el camino conforme vas progresando. La paciencia te mantiene anclado al lugar en el que te encuentras y al mismo tiempo te hace confiar en el proceso para llevarte hacia donde vas.

Cuando te cuesta ser paciente, tu mantra debe ser: "Puedo confiar en que la vida se desarrollará en mi propio interés y a su propio ritmo". Trata de usar este mantra cuando te sientas impaciente.

Curiosidad

Decide ser curioso y, de esa manera, cultivarás una mentalidad de crecimiento de forma natural. Esto se debe a que, cuando sientes curiosidad, pones en pausa tus suposiciones automáticas sobre la gente, los lugares, las cosas, las experiencias y los acontecimientos. Estás deseoso de experimentar la incomodidad de no saber para aprender. Si permites que surja tu propia curiosidad natural —ya sea sobre las experiencias y vulnerabilidades internas o sobre tu pareja— invitas y apoyas el descubrimiento. Cuando sientes curiosidad, valoras el aprendizaje como un fin en sí mismo. No solo es un medio para alcanzar un fin.

Si la curiosidad fuera un medicamento con receta, verías comerciales como el siguiente en televisión, las plataformas del metro, las ventanas emergentes de los ordenadores y las vallas publicitarias de las autopistas:

> Curiozoloft alivia inmediatamente el dolor y la tensión creados por la autocrítica, la culpa crónica, la desesperación, el desánimo, el pensamiento en blanco y negro, la falta de empatía con los demás y los agotadores conflictos de tu relación amorosa. Millones de personas de todo el mundo han descubierto los usos ilimitados de Curiozoloft para reducir una serie de síntomas, desde la depresión y la confusión leves hasta la negación y los comportamientos destructivos. Los efectos secundarios son alivio, energía, gratitud y nuevos descubrimientos. Tienes repuestos ilimitados dentro de ti. No es necesario que acudas al médico. Curiozoloft ya es adecuado para ti.

Si mantienes la curiosidad cuando practiques SLOW, le estás diciendo a tu subconsciente: "Todo está bien. Podemos ampliarnos para incluir más. Estamos a salvo". Te comprometes con el proceso de aprendizaje en lugar de con un resultado específico y predeterminado. Reconoces que la mayor parte del tiempo no hay urgencia ni peligro en estar con lo que está ocurriendo en el momento.

Este es un mantra para la curiosidad que puedes usar para cultivar una mentalidad de crecimiento: "Las cosas pueden ser interesantes y valiosas, aunque no sean lo que esperaba". Trata de recurrir a este mantra cuando te sientas frustrado o aburrido.

Desapego

Aunque este concepto tiende a asociarse con las tradiciones espirituales o religiosas, cualquier persona que esté buscando conectar más alegremente con su pareja puede beneficiarse de la práctica del desapego. Todo lo que deseamos se despliega con menos resistencia, juicio y frustración cuando suavizamos nuestras rígidas expectativas de cómo "deberían" ser las cosas que queremos.

Cuando mi marido y yo nos mudamos a nuestro hogar hace unos cuantos años, necesitábamos una mesa para nuestro comedor. Queríamos algo práctico, robusto y a un precio accesible. Yo quería algo alegre y elegante. Tras semanas de búsqueda, desacuerdos constantes y muchas rondas de ciclos de rumiación duales de culpa, control, preocupación, duda y autocompasión, encontramos una mesa que nos gustaba a los dos. Tenía inspiración granjera y el precio era asequible, pero además tenía algo de estilo.

Poco después de recibirla, la pintura blanca que habían usado para el acabado comenzó a resquebrajarse. La tienda nos envió otra mesa en sustitución de la anterior.

Su acabado también se resquebrajó, igual que había pasado con la primera.

Cuando llegó el segundo remplazo y la pintura comenzó a resquebrajarse, teníamos dos opciones: darnos por vencidos y volver a empezar una búsqueda extenuante de otra mesa nueva que cumpliera los criterios de ambos o aceptar la que ya teníamos como era, con todo y su pintura resquebrajada.

Nos acabamos decidiendo por la segunda opción: aceptar la mesa imperfecta y resquebrajada. Esta situación nos empujó a practicar el desapego. Nuestra mesa perfecta no existía en la realidad. Solo existía en nuestras cabezas. Después de todas las búsquedas nocturnas en internet y todos nuestros debates, después de toda la decepción que nos llevamos con cada repuesto, finalmente lo dejamos ir y aceptamos lo que teníamos.

Seguimos teniendo esa mesa siete años después. Hemos aprendido a quererla tal como es.

Muchas veces, la mesa en nuestra relación no es un objeto ni un mueble. Son las expectativas sobre cuánto tiempo pasaremos con nuestra pareja una tarde. Es nuestro punto de vista sobre cómo debería comportarse nuestra pareja en situaciones sociales. Podría ser nuestra visión de la frecuencia con la que tendremos sexo o lo que entendemos como *buen sexo*. Hay muchas cosas inmateriales en las relaciones que pensamos que queremos hasta que las conseguimos y descubrimos que su acabado es imperfecto y se resquebraja. Puede que las enviemos de regreso para obtener un remplazo. Entonces, este llega y comienza a resquebrajarse también.

El desapego no es lo mismo que la indiferencia anodina y neutral. Cuando llevas a cabo el desapego, estás practicando el recibir y apreciar lo que ya tienes. Eso no es lo mismo que "venderte barato" o renunciar a tus objetivos y deseos, sino más bien cambiar la idea que tienes de algo (o alguien) a lo que ese algo (o alguien) es en realidad. "Solo cuando aquellos a los que amamos dejan de ser fantasías en nuestra mente se vuelven reales para nosotros; entonces comienza el amor" (Frederickson, 2017, p. 132). El desapego es sobre liberar tu apego inflexible a una fantasía.

Tu capacidad para cultivar el desapego en SLOW te prepara para estar con lo que sea que esté bloqueando tus pensamientos obsesivos. A menudo, cuando bajas el ritmo y te abres a tus vulnerabilidades y experiencias interiores, lo que acabas "consiguiendo" es un regalo más valioso y misterioso más allá de lo que podrías haber planeado o predicho. Tu mantra para el desapego será: "Puedo aprender, tener y disfrutar más si relajo mi control sobre el resultado que tenía en mente y recibo lo positivo en lo que está llegando ahora". Usa este mantra cuando las cosas que consigues no parecen estar a la altura de tus expectativas.

El primero de los dos ejercicios siguientes está diseñado para mostrar tus áreas de fortaleza y oportunidad, sobre todo en lo que se refiere a ser paciente, curioso y practicar el desapego. En el segundo ejercicio, te centrarás en pensamientos específicos que hayas identificado en ciclos de rumiación anteriores y los desafiarás. Estos ejercicios pueden ayudarte a suavizar las creencias fijas mientras cultivas una mentalidad de crecimiento.

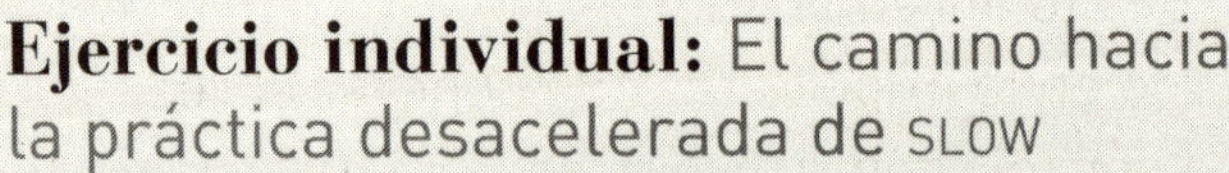

Ejercicio individual: El camino hacia la práctica desacelerada de SLOW

Usa este cuestionario para destacar las áreas de fortaleza y de oportunidad en lo que se refiere a invitar a la paciencia, la curiosidad y el desapego mientras te preparas para practicar SLOW.

Escribe los números del 1 al 12, cada uno en una línea distinta, en un diario. Conforme vayas leyendo cada afirmación de las que aparecen a continuación, escribe el número que represente la respuesta que sientas que es cierta en tu caso: 1 para "Nunca", 2 para "Pocas veces", 3 para "A veces", 4 para "A menudo" y 5 para "Siempre".

Cuando termines, comparte tus respuestas con tu pareja (consulta las responsabilidades del hablante y el oyente en la introducción del presente volumen para recordar cómo crear seguridad y una conexión de apoyo). Puedes encontrar un PDF con la plantilla para este ejercicio en <http://www.newharbinger.com/50034>.

1. Estoy dispuesto a bajar el ritmo si eso significa que comprenderé mejor las cosas.
2. Acepto abiertamente sentirme aburrido.
3. Con los problemas complejos, me tomo mi tiempo para descubrir soluciones.
4. Incluso cuando las cosas van mal, tengo confianza en que aprenderé algo de ellas.
5. Escuchar a los demás amplía mi perspectiva.
6. Estoy en paz cuando las cosas no salen como yo quiero que salgan.
7. Disfruto aprendiendo.
8. Creo en la importancia de superar el resentimiento por mi propio bienestar.
9. Encuentro el lado positivo de las adversidades.
10. Suelo acabar preocupándome más por el proceso de alcanzar mi objetivo que por el objetivo en sí.

11. Cuando no fuerzo la vida, lo que sucede suele ser mejor de lo que esperaba.
12. Creo que los desafíos son interesantes.

Paciencia

Suma tu puntaje de las afirmaciones 1, 3, 9 y 11. Si sumaste entre 16 y 20, es posible que una de tus fortalezas sea la mentalidad paciente. Si obtuviste de 10 a 15, puede que controles en exceso los resultados y te cueste confiar en el progreso que no se ajuste a tu calendario. Ten este mantra a la mano: "Puedo confiar en que la vida se desarrollará en mi propio interés y a su propio ritmo". Si tuviste 9 o menos, recuerda que el cambio se va dando gradualmente. Usa el ejercicio "Céntrate en una respiración" para reconectar con el aquí y el ahora cuando sientas que la impaciencia gana terreno.

Curiosidad

Suma tu puntaje de las afirmaciones 2, 5, 7 y 12. Si sumaste entre 16 y 20, es posible que una de tus fortalezas sea la curiosidad. Si obtuviste de 10 a 15, puede que te aburras, te inquietes o te frustres cuando intentes cosas nuevas que no produzcan el resultado que deseas con la rapidez esperada. Alimenta una mentalidad curiosa y ten este mantra a mano: "Las cosas pueden ser interesantes y valiosas, aunque no sean lo que esperaba". Si tuviste 9 o menos, practica el dejar ir lo que crees que sabes, o lo que crees que merece la pena prestarle atención, y fíjate en los detalles que pasaste por alto.

Desapego

Suma tu puntaje de las afirmaciones 4, 6, 8 y 10. Si sumaste entre 16 y 20, es posible que una de tus fortalezas sea el desapego. Si obtuviste de 10 a 15, puede que te frustres con los resultados que consigues cuando no están alineados con lo que crees haberte esforzado. Ten este mantra a la mano: "Puedo aprender, tener y disfrutar más si relajo mi control sobre el resultado que tenía en mente y recibo lo positivo en lo que está llegando ahora". Si tuviste 9 o menos, practica el ver el panorama general de las situaciones que te frustran mientras dejas ir las expectativas rígidas.

Ejercicio individual: Ten en cuenta la alternativa

El Trabajo es un método de investigación creado por Byron Katie (2002) para ayudar a la gente a reducir su sufrimiento mediante la indagación de sus pensamientos más juiciosos y dolorosos, para que cada cual pueda ver lo que se esconde tras ellos. El Trabajo de Katie consiste en llenar una "Ficha para juzgar a tu vecino", con la cual se harán cuatro preguntas para investigar la verdad de los pensamientos y quién serías sin ellos, y por último cambiar tu perspectiva "dándole la vuelta a tus pensamientos" (si quieres saber más sobre El Trabajo, consulta el sitio web <http://www.thework.com>).

Con este mismo espíritu de investigación, nos fijaremos en los pensamientos que ya escribiste en el capítulo 1. Elige un par de los pensamientos de culpa, preocupación, duda, control o autocompasión que identificaste en el ejercicio sobre el "Registro de los ciclos de rumiación" y haz unas ligeras adaptaciones en cada uno (como cambiar uno o más pronombres o sustituir un adjetivo opuesto) para crear una versión alternativa.

Asegúrate de que este pensamiento alternativo se inspire en el contenido del anterior, pero a su vez que lo contradiga en al menos un detalle, porque expresa un punto de vista divergente u ofrece una nueva perspectiva. Sabrás que diste en el clavo cuando tu primera reacción sea de escepticismo, pero también de sorpresa y curiosidad. "Esto no puede ser cierto; espera un momento... ¿Podría serlo?" Si puedes estar con esta reacción escéptica en lugar de quedarte atrapado en un pensamiento defensivo, puede producirse un reblandecimiento. Pregúntate lo siguiente: "¿Acaso hay verdad en una pequeña parte de este pensamiento alternativo?".

Pensemos en Manuel y Lisette recostados sobre su cama en el capítulo 1: cuando Manuel buscaba proximidad, Lisette rumiaba sobre su madre, su cuerpo y sobre ser madre. Cuando Lisette comienza a examinar su mentalidad, ella revisa sus ciclos de rumiación y acaba escribiendo estas dos listas:

Pensamientos identificados	Pensamientos alternativos
Manuel no me entiende.	No entiendo a Manuel.
Le gustaría que fuera más delgada.	No le gustaría que fuera más delgada.
No se preocupa por mí.	Yo no me preocupo por mí.

Cuando hayas identificado los pensamientos y hayas propuesto puntos de vista alternativos, echa un vistazo a tus dos listas. ¿Hay algo de verdad en los pensamientos alternativos? ¿Acaso parte de ellos podría ser cierto?

En los ejemplos anteriores, Lisette podría recordar las pequeñas cosas que hace Manuel todos los días que demuestran cuánto le importa, como prepararle la cena y animarla a que vaya a ver a su madre. Puede recordar que él suele apreciar su amabilidad y celebra cómo se ve, por lo que no tiene sentido creer que no la encuentra atractiva o deseable. Puede reconocer que hace semanas que ella no le envía un mensaje cariñoso, no lo abraza sin alguna razón en particular ni le dice que lo ha extrañado, por lo que podría concentrarse en demostrarle más su amor por él.

Sigue este proceso para cada pensamiento obsesivo que hayas escrito: piensa en un punto de vista alternativo y fíjate si puedes estar con él el tiempo suficiente para experimentar un reblandecimiento. Puede ser físico y hasta podrías notar que se libera la tensión en tu mandíbula, tu cuello u otros músculos, o puede ser emocional y que te conectes con una sensación de tristeza, esperanza o alivio. Puede darte una probadita de lo que se siente cambiar de una mentalidad fija a una de crecimiento. Puedes encontrar un PDF con la plantilla para este ejercicio en <http://www.newharbinger.com/50034>.

En este capítulo aprendiste que una mentalidad fija refuerza una visión de ti mismo, de otras personas y de situaciones como invariables, mientras que una mentalidad de crecimiento te ayuda a ver oportunidades y posibilidades, incluso en situaciones difíciles o impredecibles. También conociste algunas de las formas en las que cultivar la paciencia, la curiosidad y el desapego en una mentalidad de crecimiento pueden ayudarte a analizar lo que se esconde tras los ciclos de rumiación.

A continuación, te presentaré el primer paso de SLOW: *ver*.

Capítulo 4

Ver los pensamientos para ser consciente de que empieza la rumiación

Un estudio llevado a cabo por la Universidad de Queen en Kingston, Canadá, sugiere que una persona normal tiene aproximadamente unos 6 200 pensamientos al día, o 2 263 000 pensamientos al año (Tseng y Poppenk, 2020). En una pareja, después de una década, estamos hablando de aproximadamente 45 260 000 pensamientos combinados.

Los investigadores de la Universidad de Queen usan el descriptor "gusanos de pensamiento" para los pensamientos individuales. En una representación sencilla de los patrones de actividad cerebral, cuando empieza un nuevo pensamiento, se representa en un gráfico como puntos superpuestos. Este nuevo "gusano" de actividad cerebral tiene un principio y un final. Los puntos que lo componen se despliegan según un patrón en forma de gusano mientras transcurren varios segundos. Cuando un patrón termina, comienza un nuevo patrón de actividad en un punto distinto del gráfico del investigador. Eso significa que ha iniciado un nuevo pensamiento.

Por muy emocionante que les resulte a los investigadores en un laboratorio identificar los gusanos de actividad cerebral que conforman los pensamientos individuales, esta investigación no te servirá de mucho si sigues sin ser consciente de cuándo surgen tus pensamientos y se filtran en el campo de tu relación de forma expresiva, a través de omisiones tóxicas o energéticamente. Por eso, ver tus pensamientos es el primer paso para reducir los pensamientos obsesivos por medio de SLOW. Ver tus pensamientos como tales pone de relieve lo que no son. No son la verdad. No son tú. No son tu pareja. No son la realidad.

Son pensamientos.

Eckhart Tolle (2008) lo expresa así: "Ver el propio problema con claridad es el primer paso para superarlo" (p. 131). En este capítulo, aprenderás a ver tus pensamientos por lo que son con mayor frecuencia. Aunque no te voy a pedir que veas los 6 200 pensamientos que tienes diariamente, sí te invito a que te tomes un tiempo cada día para que evaluar tus pensamientos sea una prioridad.

APROVECHAR LA ATENCIÓN Y LA CONCIENCIA PARA VER

Durante tu ajetreado día a día, quizá haces malabares con múltiples focos de atención a la vez. Lo más probable es que se te dé muy bien abordar dos o más tareas a la vez, como revisar la bandeja de entrada de tu correo y recordarle a tu pareja que recoja algo en la tienda o escuchar a medias a alguien en la habitación contigua mientras grabas un mensaje de voz en el teléfono. Puede que la multitarea (o, lo que es lo mismo, hacer varias cosas a la vez sin prestar toda tu atención a ninguna) sea tan antigua como la mente humana, pero debido a los avances tecnológicos se ha convertido en una epidemia de los tiempos modernos. Echa un vistazo en un cruce vial y cuenta cuántas personas miran el móvil mientras esperan a que cambie el semáforo o, lo que es peor, siguen mirándolo cuando reanudan la marcha.

Hacer una sola cosa a la vez parece haberse convertido en una habilidad preciosa y valiosa, un retroceso a una época pasada, como los tomates reliquia o las cartas escritas a mano. Pero ¿podemos permitirnos perder la capacidad de llevar a cabo una sola tarea? Las investigaciones demuestran que hacer varias cosas a la vez exige más tiempo y energía, porque el engranaje mental cambia cada vez que se alterna entre distintas tareas (Smith, 2001). Dirigir toda tu atención y conciencia a los rincones y recovecos de tus experiencias internas en los momentos clave es lo contrario de hacer varias cosas a la vez. También es como verás los pensamientos en el primer paso de SLOW.

Visualiza el haz de una linterna que enfocas o ensanchas con un giro del mango. La atención es el haz más estrecho y puntiagudo, y la conciencia es el haz más amplio y expansivo. Tanto si utilizas la atención en un punto de enfoque como si la relajas en el enfoque más amplio de la conciencia, para ver los pensamientos empezarás por dejar el teléfono y la lista de tareas pendientes mientras realizas una única tarea.

CÓMO VER LOS PENSAMIENTOS

Estos son cuatro pasos básicos que puedes utilizar para ver los pensamientos:

1. Haz una pausa. Deja de hacer lo que estés haciendo durante un minuto.
2. Dirige tu atención hacia tu interior o relájate hasta alcanzar una experiencia de conciencia corporal plena. Observa cualquier actividad mental o cognitiva que esté teniendo lugar en tu interior en el aquí y el ahora.

3. Indaga. Pregunta: "¿Esto que está pasando en mi mente es un pensamiento (o una serie de pensamientos)?".
4. Sintoniza. ¿La respuesta a esta pregunta es sí, quizás o no? (Si es "no", probablemente estés concentrado, en el flujo de la tarea o en paz. Si es "quizás", repite los pasos del 1 al 4 hasta que recibas una respuesta clara).

Y te preguntarás: "Pero si ya sé que suelo pensar, ¿por qué necesito dedicar tiempo a ver mis propios pensamientos?". La razón es que, en teoría, saber que estás pensando no es lo mismo que ser consciente de los pensamientos en el momento en que surgen. Al identificarlos por lo que son cuando surgen estás aprovechando el pensamiento activo. Estás dirigiendo el haz de tu atención y conciencia hacia los pensamientos pasivos, los componentes básicos de los ciclos de rumiación.

Si utilizamos otra metáfora, ver tus pensamientos es el equivalente a lanzar harina a los fantasmas. No sabrás que están ahí hasta que percibas su contorno.

Cuando te preguntas: "¿Esto que está pasando en mi mente es un pensamiento (o una serie de pensamientos)?", no solo es una pregunta retórica. Te estás tomando un momento para registrar directamente tu actividad mental en el aquí y el ahora. Estás viendo lo que está pasando en tu mente como observador en lugar de como participante y, debido a esto, ya no estás sumergido en una corriente de pensamiento pasivo. Ver tus pensamientos pasivos por lo que son —pensamientos— significa que estás saliendo a respirar. Estás listo para mirar la corriente de pensamientos en tu mente como algo distinto a la verdad absoluta.

Haz que la práctica de ver los pensamientos sea diaria. Como mucho, tardarás un minuto cada vez que lo hagas. En situaciones de gran carga emocional intenta ver tus pensamientos varias veces en el transcurso de unos minutos. Si tu pareja cancela la cena y tu mente da vueltas con pensamientos como: "Está intentando hacerme daño a propósito. No puedo confiar en mi pareja. ¿Por qué me haría esto? Le demostraré que esta noche voy a salir solo", ver estos pensamientos como lo que son interrumpe el impulso de tu ciclo de culpa. En lugar de creer automáticamente que tus pensamientos son representaciones exactas de la realidad simplemente porque estás molesto mientras circulan por tu mente, estarás echando un puñado de harina sobre tu pensamiento pasivo.

De acuerdo, ver los pensamientos no suele ser muy emocionante. Es como tocar escalas en un piano o subir y bajar las piernas mientras haces ejercicio siempre por el mismo recorrido por tu barrio. Pero cuanto más lo hagas, mejor se te dará. Aumentará tu capacidad de utilizar la atención y la conciencia para realizar una sola tarea de este modo. Cuanto mejor lo hagas, más podrás utilizarlo para redirigir tu energía lejos de los pensamientos obsesivos hacia actividades y capacidades como estar con lo que ocurre en el momento y experimentar la vida directamente.

Las siguientes son algunas formas para convertir el ver de SLOW en un hábito saludable:

- Coloca notitas adhesivas por toda la casa que digan: "¿Algún pensamiento?".
- Usa alguna joya que no suelas portar y que te sirva de recordatorio para detenerte a evaluar aquello que pasa por tu cabeza.
- Escribe en un espejo —con un marcador no permanente— los cuatro pasos para ver los pensamientos: haz una pausa, dirige la atención a tu interior, indaga, sintoniza.

- Toma una foto de los cuatro pasos y úsala como fondo de pantalla de tu móvil o tu ordenador.

Cuanto más abordes tus pensamientos cuando haya poco en juego y estés tranquilo, más fácil te resultará verlos cuando estés alterado y te juegues mucho. Revisar los pensamientos con regularidad también te preparará para profundizar en la *identificación*, el segundo paso del proceso SLOW.

LUCES DE ADVERTENCIA

Las luces de advertencia son indicadores de que algo va mal y necesita tu atención. Piensa en ellas como el equivalente al medidor de combustible de un coche. Tanto si las luces de alarma se manifiestan en forma de síntomas corporales, señales de comportamiento o comentarios de tu pareja, suenan como su versión de una alarma estridente que dice: "¡Presta atención! Algo angustioso está ocurriendo". Cuando estés dispuesto a notar las luces de advertencia, puedes utilizarlas como recordatorios para practicar el ver tus pensamientos y reconocer los ciclos de rumiación.

Ignorar las luces de advertencia es humano. Cuando una luz parpadea y se enciende el ícono de la gasolina en el tablero, muchos conductores piensan: "No pasa nada, pararé en una gasolinera después, cuando tenga tiempo". Si se acuerdan de la luz de advertencia y llenan el tanque, entonces el costo de ignorarlo cuando empezó a parpadear será mínimo. Pero si cae una tormenta de nieve en la autopista y tu coche se para a ocho kilómetros de la gasolinera más cercana, el costo será enorme.

Las luces de advertencia adoptan dos formas: señales personales y señales de la pareja.

Las señales personales son cosas que notas: tus tics nerviosos, dolores y molestias, ciclos de rumiación, síntomas físicos y mentales no deseados, y conductas autodestructivas o dañinas. Cuando la agresividad, las evasivas o la emocionalidad excesiva son defensas a las que se recurre, también pueden ser señales personales, si estás dispuesto a notarlas y a sentir curiosidad por lo que hay detrás. La aparente "mala suerte" puede ser otra señal personal, sobre todo si siempre parece asomarse cuando estás ansioso o disgustado. Sin embargo, las señales de pareja son cosas que tu pareja percibe de ti, que suelen ser comportamientos que aparecen o empeoran cuando piensas demasiado. Normalmente, son reacciones inconscientes o hábitos nerviosos que molestan, hieren o preocupan a tu pareja. Si estás en un ciclo de control mientras tu pareja y tú salen de excursión, es posible que ella sienta que la estás controlando de forma excesiva y te lo reclame: "Sé lo que hago. He hecho cientos de rutas. ¡Deja de controlarme!".

En este caso, tu comportamiento de control excesivo es una señal de pareja. Si estás dentro de ciclos de preocupación y culpa cuando se acerca la hora de pagar impuestos, tu pareja puede darse cuenta de que casi no dejas propina a los meseros y que has empezado a juzgar a las personas que, según tú, son ricas. Tu actitud crítica y tu falta de generosidad son señales de pareja. Cada vez que te ves atrapado en ciclos de preocupación por el dinero, tu pareja nota que estos comportamientos afloran y se enfada contigo por hacer suposiciones y por ser una persona tacaña.

Ver las señales personales

Todos tenemos una referencia de bienestar cuando el estrés es bajo y nos sentimos seguros y satisfechos. En esos momentos, las interacciones con nuestra pareja suelen ser más positivas. Hay otros momentos en los que las actividades más básicas de cuidado personal —como preparar la comida, tomar un baño o coordinar los horarios— pueden agotar nuestros recursos emocionales. Las luces de advertencia en forma de señales personales son indicadores que detectas en ti mismo de que te has alejado de tu referencia de bienestar.

La ansiedad y la tensión se manifiestan en nuestra mente y nuestro cuerpo en forma de pensamientos, sentimientos, sensaciones y comportamientos. Las señales personales pueden ser tensión física, cambios en el apetito o en los patrones de sueño, acciones poco saludables o impulsivas y cambios de humor. A veces, la mala suerte, aparentemente aleatoria, sirve de señal personal. La mala suerte no siempre es tan aleatoria como parece cuando tu propia ansiedad te lleva a comportarte de formas que aumentan la probabilidad de percances y accidentes.

Conociste a Michael y a Darlene en el capítulo 1, la noche antes de su cena de compromiso. A los pocos meses de casarse, cuando se estaban preparando para salir con unos amigos, Darlene le dice a su pareja: "Por favor, no tomes más de una cerveza esta noche".

Michael entra inmediatamente en un ciclo de autocompasión: "¿Cree que soy un niño? Todo el mundo trata siempre de controlar mi vida. Nadie tiene fe en mí. No es justo. Trabajo duro. Ya soy mayorcito. ¿Qué hice para merecer esto? ¿Por qué no puedo tomar lo que yo quiera en mi tiempo libre?".

Michael no se da cuenta de que tiende a rumiar siempre que Darlene le pide que tenga cuidado... con lo que toma, con lo que gasta o con lo rápido que conduce. Pero sí se da cuenta de que siempre que Darlene le pide estas cosas, ocurren pequeños y molestos accidentes: se corta al rasurarse, se tropieza al salir o se derrama comida en sus pantalones. En el escenario en el que estamos, se le escapa el teléfono de las manos mientras está tratando de pedir un Uber. Por suerte, cuando el aparato aterriza en la calzada, la pantalla no se rompe... esta vez. Porque Michael ha estado practicando ver sus luces de advertencia, sabe que un percance como este suele ser una señal personal de rumiación. Practica el centrarse en una respiración y se toma un momento para hacer una pausa, centrarse en su interior y ver cómo circulan sus pensamientos negativos.

Ver las señales de pareja

¿Alguna vez te ha preguntado tu pareja qué te pasaba? O quizá te dijo con voz preocupada: "¿Estás bien?". Estas preguntas no son tan inesperadas como parecen.

Muchas veces, nuestra pareja percibe cosas que hacemos cuando rumiamos que ni siquiera nosotros somos conscientes de que estamos haciendo. Nos observa cuando nos mordemos las uñas mientras conducimos, cuando navegamos por internet y cuando abrimos una y otra vez la puerta del refrigerador sin ver siquiera lo que hay dentro. Se da cuenta de que hablamos demasiado deprisa, chocamos con las cosas y maldecimos en voz baja mientras buscamos los lentes de sol que traemos en la cabeza. Si sueles acelerar cuando conduces o si pisas el freno bruscamente, es posible que tu pareja reconozca estas reacciones como una señal de que estás en un ciclo de culpa, control, preocupación, duda o autocompasión. Ya ha visto muchas veces tus luces de alarma y lo todo lo malo que puede ocurrir cuando piensas obsesivamente.

No es fácil aceptar información cuando tu conexión amenazante está activa y tu pareja parece muy dispuesta a criticarte. Pero hay formas de dar y recibir información sobre las señales de pareja. Si notas algo en tu pareja que puede ser una luz de advertencia, prueba a decir alguna de estas frases:

- Veo algo de lo que quizá no seas consciente. ¿Te lo puedo comentar?
- Acabas de hacer algo que me despertó la curiosidad de saber dónde estás. Me gustaría decirte lo que fue, si no te importa.
- Estoy captando algo. ¿Estás dispuesto a escucharme?
- Me preocupa algo. Dime si estás abierto a recibir comentarios al respecto.
- Creo que noté una luz de advertencia. ¿Estás dispuesto a escuchar lo que fue?

Por otro lado, si tu pareja te dice alguna de estas cosas, haz todo lo posible por no responder a la defensiva. Recuerda que tu pareja se preocupa por ti y que su objetivo no es encontrarte defectos, sino fomentar la interdependencia, los límites positivos y la seguridad en su relación.

Si estás genuinamente abierto y dispuesto para escuchar lo que tu pareja tiene que decir, responde: "Sí, estoy dispuesto a escucharte ahora".

Luego, asume el papel de oyente y escucha lo que tu pareja tiene que decirte. Cuando termine de hablar, dile: "Gracias por hacérmelo saber", "Te agradezco que me hayas prestado atención" o "Haré todo lo posible para ser más consciente de esa señal y de mi estado mental".

Si no estás dispuesto a escuchar los comentarios de tu pareja, sé sincero al respecto. No finjas que estás abierto cuando no es verdad, solo para no decepcionarla. Dile a tu pareja cuándo estarás dispuesto a escuchar. Podrías responder con: "Gracias por consultarme. Yo diría que ahora mismo no estoy dispuesto. ¿Podrías preguntarme después?", "Ahora mismo no estoy en sintonía. Voy a hacer todo lo posible por centrarme pronto. ¿Te importaría darme más tiempo?" o "Quiero escuchar lo que tienes que decirme, pero ahora mismo no es un buen momento. Te haré saber cuando esté dispuesto a escuchar tus comentarios".

Nuestra pareja puede servirnos de espejo y reflejar aspectos de nosotros que a menudo no percibimos, porque estamos demasiado absortos en nuestros propios pensamientos. Nos observa desde fuera, ve más allá de nuestros puntos ciegos y detecta nuestras luces de advertencia cuando nosotros no podemos. Sus comentarios nos invitan a reconocer nuestros pensamientos obsesivos.

Ejercicio individual: Mi lista de luces de advertencia

En un diario, escribe "Mi lista de luces de advertencia" en la parte superior de una página. Lee las listas que aparecen a continuación y anota las señales personales y las de tu pareja que más se correspondan con tu caso. Añade cualquier otra señal en la que puedas pensar y que no esté en la lista. Marca con un círculo tres señales a las que te comprometas a prestar mucha atención cuando comiences a practicar SLOW. Puedes encontrar un PDF con la plantilla para este ejercicio en <http://www.newharbinger.com/50034>.

Revisa esta lista a menudo para ser más consciente de tus propias señales. Cada vez que descubras una nueva señal personal o de tu pareja, añádela a la lista.

Señales personales

- Tengo problemas de sueño (duermo demasiado, no duermo nada, estoy cansado después de dormir).
- Me duelen partes del cuerpo sin motivo aparente (la mandíbula, el cuello, la espalda, los músculos, las articulaciones, la cabeza).
- Soy crítico conmigo y con los demás.
- Tengo un hábito nervioso (hurgarme la piel, morderme las uñas, masticar, dar golpecitos).
- No hago caso de mis límites en lo que a mi salud se refiere (por ejemplo, como mal, demasiado o muy poco, trabajo en exceso, hago caso omiso de mi necesidad de hacer ejercicio o de relacionarme socialmente, fumo, bebo alcohol, consumo sustancias alucinógenas, juego, abuso del internet).
- Mis amigos, familiares, pareja y colegas del trabajo parecen estar evitándome.
- Personas que no conozco, conocidos y amigos me han estado criticando más de lo normal.
- Renuncio a actividades saludables de las que disfruto (como pasar tiempo con amigos, leer, escribir un diario, tocar un instrumento, hacer ejercicio, meditar, hacer voluntariado, viajar).
- Estoy demasiado ocupado.
- Tengo más accidentes molestos o más mala suerte de lo normal (por ejemplo, golpearme el dedo del pie o lesionarme otras partes del cuerpo, recibir multas de aparcamiento, perder mi móvil, mi cartera o las llaves).

Señales de la pareja

- Mi pareja dice que no he sido yo mismo últimamente.
- Mi pareja se pone a la defensiva e insiste en que soy un desconsiderado.
- Mi pareja me ha pedido que busquemos ayuda de un terapeuta.
- Mi pareja quiere que me cuide más.
- Mi pareja dice que estoy estresado, deprimido, enojado o desconectado.
- Mi pareja dice que bebo demasiado, que trabajo en exceso o que uso mucho el móvil.
- Mi pareja dice que estoy durmiendo mucho, haciendo mucho ejercicio o comiendo demasiado (o todo lo contrario).
- Mi pareja me ha comentado un mal hábito que he estado practicando mucho últimamente.

Ejercicio individual: Señales de "Pensar en" y de "Estar con"

En un diario, en la parte superior de una página, traza tres columnas y colócales los siguientes títulos: "Señal personal/de la pareja", "Pensar en" y "Estar con", respectivamente. Luego, identifica tres incidentes específicos recientes en los que se activó una "luz de advertencia", ya sea personal o de tu pareja. Escribe cada una de esas señales en la primera columna, "Señal personal/de la pareja".

En la columna "Pensar en" escribe un ejemplo de los pensamientos obsesivos que acompañaron esas señales. Por último, en la de "Estar con", imagina cómo podrías haber visto estas señales de forma distinta si lo hubieras hecho desde una perspectiva de *estar con ello* en lugar de *pensar en ello*.

La noche previa a su cena de compromiso, Darlene (capítulo 1) identificó una de sus señales personales bajo la columna "Señales personales/de la pareja", y fue la de comerse un litro de helado. Debajo de la columna "Pensar en" escribió: "¿Qué me pasa? No debería haberme comido todo ese helado. Fue una tontería. ¿Por qué no puedo cuidarme más?". En la columna "Estar con" escribió: "Comer dulces compulsivamente es una de mis luces de advertencia de rumiación. Supongo que tengo miedo de que mi papá y mi futuro suegro hagan un escándalo".

Practica esto con cada una de las tres señales que hayas escrito. Para descargar un PDF con la plantilla de este ejercicio visita <http://www.newharbinger.com/50034>.

Ejercicio conjunto: Ver luces de advertencia

Túrnense para preguntar y responder las siguientes preguntas, teniendo en cuenta las responsabilidades del hablante y el oyente de la introducción para recordar cómo crear seguridad y apoyar la conexión.

- ¿Puedes saber cuándo estoy teniendo pensamientos negativos? ¿Me pondrías un ejemplo?
- ¿Qué hago cuando estoy atrapado en un ciclo? Cuando lo hago, ¿qué temes?
- ¿Entras tú en ciclos de rumiación cuando hago eso?
- ¿Cómo tratas de ayudar cuando te das cuenta de una de mis luces de advertencia? ¿Cómo suelo reaccionar?
- ¿Cómo podría responder mejor? ¿En qué ayudaría?

VER LOS GUIONES SIN SALIDA

Cuando las luces de advertencia y los pensamientos obsesivos pasan desapercibidos, la pareja acaba recurriendo a los guiones sin salida. Estos son formas nocivas y predecibles de hablar, actuar y reaccionar que interfieren con la espontaneidad, desvitalizan la relación y mantienen a la pareja anclada en el pasado, un pasado que se recrea en el presente. Los guiones sin salida los encierran en versiones anticuadas de ustedes mismos y los mantienen estancados como pareja. Cuando son capaces de ver estos guiones sin salida, tú y tu pareja estarán en mejor posición para cambiar los diálogos y reescribir la trama.

Los esquemas limitan la forma de percibir el mundo y organizar la información, y conducen a resultados previsibles e indeseables (Young, Klosko y Weishaar, 2003). Del mismo modo, los guiones sin salida se convierten en profecías que, por su propia naturaleza, tienden a cumplirse. En un guion sin salida te encontrarás diciendo las mismas cosas sarcásticas, críticas o poco amables a tu pareja una y otra vez en diferentes situaciones. También seguirás recibiendo reacciones predecibles por su parte.

A continuación, te presento diez guiones sin salida. No te sorprendas si varios de ellos te resultan familiares o si has recitado líneas de distintos guiones con varias de tus parejas. Puede que a la vez tengas varios en marcha o que te veas atrapado en nuevos guiones después de resolver los anteriores.

Cuanto más veas tu guion, más podrás cambiar hacia una mentalidad de crecimiento y sentir curiosidad. Como la culpa y el miedo soportan los guiones sin salida, puedes aprender sobre las vulnerabilidades enterradas o negadas que los alimentan, compartiendo abierta y honestamente lo que notas que haces y dices de forma previsible en diferentes guiones. Cuando eliges estar con tus propias vulnerabilidades en lugar de defenderte de ellas con ciclos de rumiación, trasladas el peso desde la pierna que más utilizas del *pensar en* a la pierna subdesarrollada del *estar con*. Expandes tu capacidad de estar con algo y abres el camino para un mayor equilibrio en tu relación.

He aquí diez guiones sin salida bastante comunes, junto a su resumen:

1. **El miembro problema de la pareja no cambia.** Si el miembro "problema" de la pareja cambiara, las cosas irían bien.
2. **La pareja está en un pedestal.** Una persona idealiza a su pareja. La parte idealizada anhela una conexión auténtica.
3. **El peor escenario posible.** Evitas "lo peor". Aun así, sucede.
4. **El error imperdonable.** Uno de los dos no puede olvidar. El otro no puede enmendar su error.

5. **Los amigos o la familia entrometidos.** Los amigos de uno de los miembros de la pareja o su familia están demasiado involucrados en la relación.
6. **Romance atormentado.** La pareja no puede salir de la sombra de un antiguo amante.
7. **Demasiado cerca y demasiado lejos.** Los miembros de la pareja intercambian papeles: se persiguen, se distancian y pocas veces se encuentran.
8. **La lucha de poder.** Ambos miembros de la pareja compiten por el poder y se centran más en imponerse sobre el otro que en colaborar.
9. **Duelo aplazado.** La pareja evita el duelo. La felicidad se les escapa.
10. **Todo lo demás antes que el amor.** La pareja pospone el amarse el uno al otro hasta que estén menos ocupados. El amor se marchita.

Si se encuentran recitando las mismas viejas frases de alguno de estos guiones sin salida, pueden empezar por reconocer hacia dónde se dirige la trama de su historia de amor.

El miembro problema de la pareja no cambia

Al principio de la relación con mi marido nos quedábamos atrapados en este guion con frecuencia (al igual que muchas parejas). Mi marido estaba convencido de que yo era el problema. Si yo no cambiaba, no podía quedarse conmigo. Sus ciclos de rumiación alimentaban su versión de esta historia.

Aunque pocas veces él me contaba directamente sus pensamientos oscuros, su culpa y su juicio se filtraron en el campo de nuestra relación. Era evidente. Familiares y amigos se daban cuenta y se preguntaban si estábamos hechos el uno para el otro. Yo también. La energía negativa de los ciclos de rumiación de mi marido era fuerte. Permanecía en nuestro campo incluso en los días en los que yo estaba sola en nuestro departamento.

El mismo guion sin salida alimentaba mi versión de la historia. Estaba convencida de que él era el problema. Pensaba que nunca podría quedarme con él... a menos que cambiara. Tenía demasiadas cosas malas, muchos rasgos de su personalidad eran intolerables, tenía muy malos hábitos, que yo trataba de ignorar sin éxito. Los ciclos de control y autocompasión alimentaban mi parte del guion. Endulzaba mi desaprobación hacia él de la mejor manera posible. Sin embargo, él igual la sentía y lo lastimaba.

En realidad, ninguno de los dos era el problema. El mayor problema eran nuestros ciclos de rumiación y las formas en las que estábamos evitando enfrentarnos y experimentar las necesidades vulnerables, los sentimientos y los temores que encubrían. Si queríamos una historia de amor más feliz, ambos teníamos que cambiar.

Si tu guion es el de la pareja problema que no cambia, hazte la siguiente pregunta: "¿En qué forma esto que estoy juzgando de mi pareja también es un reflejo de mí mismo? ¿Acaso mis pensamientos de culpa, control, preocupación, duda o autocompasión alimentan el problema?".

A veces, ambos miembros de la pareja ven al otro como el problema, como fue el caso de mi marido y yo. Pero si uno de los dos se ha convencido de su superioridad mientras el otro no se siente suficiente, entonces el guion de la pareja problema que no cambia se transforma en otro guion sin salida: la pareja en un pedestal.

La pareja en un pedestal

Existe una idea preconcebida extendida de que amar significa ver a esa persona como alguien maravilloso todo el tiempo. En realidad, idealizar a los demás bloquea el amor mucho más de lo que prueba su existencia. Ver a nuestra pareja como alguien perfecto es ponerle un filtro y maquillar quien verdaderamente es. Esto implica que necesitará filtros y maquillaje. Cuando nos negamos a ver las limitaciones y defectos de nuestra pareja e insistimos en que es superior, no le estamos haciendo ningún favor. Lo estamos obligando a ser quien queremos que sea, en lugar de quien verdaderamente es. Idealizar a otra persona oscurece toda su humanidad.

Si tememos la pérdida o el abandono debido a experiencias de abandono o rechazo durante nuestra más tierna infancia, entonces el hecho de idealizar a nuestra pareja puede ser una forma de desconectar de nuestra propia ira, nuestra inseguridad, nuestro dolor o nuestra baja autoestima y tratar de asegurarnos de que nuestra media naranja nunca nos volverá a abandonar. O quizás estemos tratando de exagerar nuestro sentido de nosotros mismos al engrandecer a nuestra pareja para poder disfrutar del resplandor de su luz de la misma forma que la Luna disfruta del resplandor del Sol. Si reforzamos la idea equivocada de superioridad que sobre sí misma tiene nuestra pareja, interferimos con el intercambio propio de la reciprocidad auténtica.

Aunque estar idealizado y colocado en un pedestal puede ser embriagador al principio, a la larga acaba engañando a ambos miembros de la pareja. La parte idealizada dice cosas como:

No me ves tal como soy.

> **Es como si tú fueras un robot y yo la mujer perfecta.**

> **No me amas de verdad.**

> **¿Por qué no puedes ser auténtico conmigo?**

> **Preferiría que te enojaras conmigo a ver tu rostro impasible.**

> **Me siento tan sola contigo.**

Lejos de disfrutar del campo de su relación como un lugar de interdependencia, límites positivos y seguridad, las parejas idealizadas se encuentran atrapadas en una jaula dorada.

Si eres la parte que idealiza dentro de la pareja en el guion de la pareja en un pedestal, debes pasar más tiempo estando con las vulnerabilidades que oscurecen tus ciclos de rumiación. Acepta tu propia humanidad y tus defectos, así como los de tu pareja. De la misma forma que la pareja idealizada hace, tú debes decir lo que en verdad piensas. No escondas tus defectos; reconócelos y acéptalos. No conspires con tu pareja para crear una versión filtrada y maquillada de quién es cada cual. Ser un espécimen disecado en vida, pero que aún respira, no es tan bueno como parece.

La otra cara de la idealización es la devaluación. Puede que una pareja que idealiza trate en algún momento de recobrar su frágil sentido de confianza en sí misma por medio de la devaluación de su pareja. Eso puede hacer que ambos miembros entren en un guion del peor escenario posible... o uno de los otros guiones sin salida.

El peor escenario posible

Prometiste no tener jamás un matrimonio sin sexo, y ya pasaron tres meses desde la última vez que tuviste relaciones sexuales con tu pareja. Juraste que nunca te divorciarías, y hace poco tu pareja se puso en contacto con un abogado de lo familiar para "comprender mejor sus derechos". Te prometiste que elegirías una pareja en la que pudieras confiar, lo contrario de tu descuidada madre, y resulta que tu ser querido trabaja hasta tarde casi todas las noches y no está disponible cuando lo necesitas.

Las parejas atrapadas en este guion dicen cosas como:

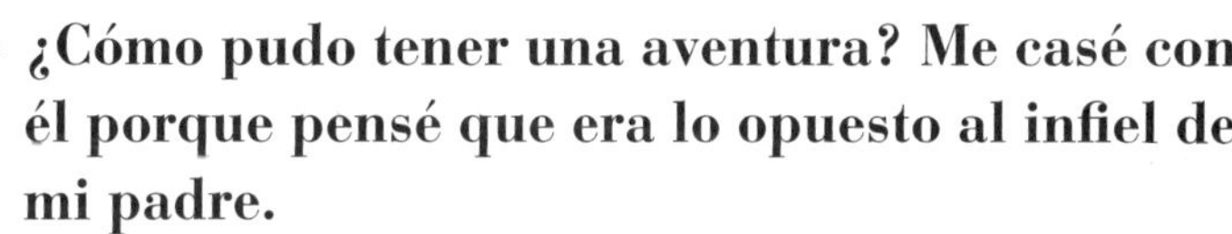

¿Cómo pudo tener una aventura? Me casé con él porque pensé que era lo opuesto al infiel de mi padre.

Lo único que quería era tener a alguien por quien volver a casa. Pero resulta que trabaja sesenta horas a la semana y casi nunca nos vemos.

Afrontar una realidad que no se desea es doloroso para ambos miembros de la pareja. Si se diera el peor escenario posible a pesar de los mejores intentos de una de las dos partes por evitarlo, los ciclos de rumiación se convierten en una forma de evitar enfrentarse a la realidad y hacer un cambio o tomar una decisión difícil.

Si te encuentras dentro del guion del peor escenario posible, debes reconocer cuándo estás atrapado en una rumiación nerviosa con tu pareja sobre una situación que temes. Usa las herramientas que has estado aprendiendo para deshacer los ciclos de preocupación. Recurre al mantra de la maestra de meditación Shell Fischer: "Si esto que temo ocurre como me gustaría, sería genial. Si no, también estará bien, porque, de cualquiera de las dos maneras, estoy y estaré bien". Practica el ver tus pensamientos con frecuencia, siguiendo los pasos de los que se habla en este capítulo: haz una pausa, dirige la atención a tu interior, indaga y sintoniza con conocimiento. Vuelve a experimentar tu cuerpo en el presente para que puedas estar con tus vulnerabilidades en lugar de alimentarlas con pensamientos obsesivos.

El error imperdonable

En este guion, la parte de la pareja que no puede perdonar dice cosas como: "No sé si te perdonaré algún día. Quiero hacerlo, pero no puedo". Quien busca el perdón dentro de la pareja: "He reconocido lo que pasó, he tratado de arreglarlo, pero tú sigues sin querer pasar página. ¿Qué más puedo hacer?".

Vivir en un estado de rencor atormenta a ambos miembros de la pareja. Cuando algo ha ocurrido, se acabó. Ya está hecho. No puede cambiarse, por lo que rumiar sobre ello solo genera más sufrimiento. En palabras del poeta Ivan Nuru (2020): "Si no está en tus manos, merece que también lo liberes de tu mente" (p. 39).

¿Piensas mucho en un error que cometió tu pareja? ¿Se lo recuerdas? ¿Tu pareja va por ahí temiendo que la avergüences, la castigues o la controles por algo que hizo mal? ¿Se suele disculpar por lo que hizo, o trata de compensarlo?

La gente comete una innumerable cantidad de errores en una relación. Hay una tremenda variedad de errores por los que las parejas dolidas no pueden perdonarse. Y también existe una cantidad infinita de errores por los que las personas atrapadas en ciclos de culpa no pueden perdonarse a sí mismos. Si estás vivo, cometerás errores. Es inevitable. Los ejes comunes de este guion son las infidelidades, tanto sexuales como emocionales, las deudas ocultas, las mentiras, las malas decisiones y el sentirse abandonado en momentos clave (como durante una enfermedad, cuando uno de los dos pierde su trabajo, después de la muerte de un progenitor o tras el nacimiento de un hijo). Cuando las parejas no pueden avanzar y perdonarse, a sí mismos o a otro, la reparación se vuelve imposible. Una relación no puede evolucionar sin comprensión, reparación y cierto grado de aceptación.

En el guion del error imperdonable debes proponerte la intención de reparar (te daré más consejos sobre la reparación en el capítulo 9). Debes practicar el compartir cómo te sientes sobre sentirte atrapado en este guion mediante los roles del hablante y el oyente. Haz tu mejor esfuerzo para comprender la opinión de tu pareja sobre las cosas y los sentimientos con los que está luchando. Esto puede poner en perspectiva cualquier suposición que esté alimentando tus ciclos de rumiación. Aunque no es posible forzar el perdón, puedes hablar con frecuencia y escuchar con sinceridad y vulnerabilidad. Cuando se ha roto la confianza, enfrentar la verdad con compasión reorienta a una pareja hacia la realidad.

Los amigos o la familia entrometidos

"¡Tu primo debería llamarnos antes de presentarse así en nuestro departamento!" "¿Por qué le cuentas a tu padre todos los detalles de nuestra situación económica?... ¡Eso no está bien!" "¿Cómo pudiste prestarle nuestro coche a tu compañero de la universidad cuando aún no ha pagado sus últimas tres multas de aparcamiento?" Las parejas cuyos familiares o amigos interfieren no pueden ponerse de acuerdo en cuánto acceso deberían tener los demás a su tiempo, energía, recursos, hogar e información personal. El miembro de la pareja que quiere establecer límites puede no llegar a comprender por qué a su pareja le cuesta tanto decir no. Aquel cuyos familiares o amigos interfieren puede llegar a criticar a su pareja por ponerle en una situación sin salida. Cree que lo está forzando a "elegir" entre quedarse en la relación o seguir teniendo buen trato con personas importantes a las que ama.

A veces, son diferencias culturales las que están detrás de este guion. Si las necesidades de uno de los miembros de la pareja son menos importantes que las de sus padres o hermanos, mientras que la otra parte de la pareja creció en una familia o comunidad individualistas, sus puntos de vista respecto a los límites adecuados con amigos y familia serán totalmente distintos.

Si se encuentran atrapados en este guion, vuelvan a leer el apartado sobre los fallos de límites en el capítulo 2. Piensen en ideas para establecer límites con amigos y familiares entrometidos que funcionen para ambos. Den pequeños pasos para fomentar la interdependencia, los límites positivos y la seguridad en su campo.

Romance atormentado

Cuando una relación pasada forma parte de tu relación actual, es posible que este guion esté activo. Como ocurre con el guion de los familiares o amigos entrometidos, las parejas con un EAP preocupado-evitativo están preparadas para rumiar siempre que un excónyuge, exnovio, exnovia o examante se interpone en el camino de su conexión. El amante en cuestión no tiene por qué estar presente; es posible que ni siquiera estén en contacto. *Rebeca*, de Daphne du Maurier, es una novela publicada en 1938 que trata sobre una pareja ficticia que vive este guion sin salida en relación con una esposa muerta. La experiencia amorosa del pasado de uno de los miembros de la pareja es lo que suele amenazar al otro y eso desencadena ciclos de rumiación.

Los ciclos de duda prevalecen cuando una persona se cuestiona si su pareja la ama tanto como amó a alguien más de su pasado. Los ciclos de culpa se imponen cuando una de las partes de la pareja que se encuentra dentro de este guion sin salida juzga las experiencias sentimentales pasadas de la otra. Los ciclos de preocupación dominan cuando una persona teme que su pareja no se quede con ella. Los ciclos de control vencen siempre que una persona busca pruebas que demuestren que algún amante anterior de su actual pareja consiguió de esta algo valioso que ella no obtiene. Esto puede seguir ocurriendo incluso cuando un amante del pasado se haya ido hace tiempo y no tenga ninguna conexión con la vida actual de la pareja.

Algunas preguntas y preocupaciones comunes en este guion son: "¿Por qué salieron juntos? ¿Cómo pudo amar a esta otra persona y amarme a mí también si somos tan distintas? ¿Por qué está obsesionada mi pareja con mi pasado? ¿Por qué me eligió a mí si no puede aceptar las relaciones que me forjaron como soy? ¿Mi pareja está conmigo porque me parezco a su antiguo amor o porque no me parezco en absoluto? ¿Soy su plato de segunda mesa?".

Para reescribir el guion del romance atormentado, es necesario reconocer los ciclos de rumiación centrados en la culpa a uno mismo o la de la pareja, de sentirse víctima del pasado de la pareja (autocompasión), de dudar del valor o la importancia de tu relación, de controlar a tu pareja y de preocuparse por el futuro. Investiga y practica el estar con lo que subyace bajo estos ciclos. En el tercer paso de SLOW (en el capítulo 6), los anclajes de la conciencia te apoyarán para abrirte a lo que está ocurriendo en el momento que surjan las vulnerabilidades que alimentan tu guion.

Demasiado cerca y demasiado lejos

Este guion es un EAP preocupado-evitativo en su forma más obvia. Uno de los miembros de la pareja no puede acercarse lo deseado, mientras que el otro no consigue espacio suficiente. Aquel que busca cercanía puede considerar distante al que la evita. A veces creen que los comportamientos de distanciamiento de la pareja son intencionadamente crueles. Por otro lado, quien busca la distancia emocional puede llegar a percibir a la pareja que necesita la cercanía como dominante. No es raro que este guion funcione en segundo plano mientras otro guion sin salida se desarrolla en primer plano, como el de la pareja problema que no cambia, el de los amigos o familiares entrometidos o el del romance atormentado.

Puede mantenerse la distancia cuando quien evita la cercanía insiste en que quien la busca debe cambiar y cumplir ciertos criterios antes de poder dar amor. Puede imponerse cuando un miembro de la pareja castiga al otro por alguna equivocación. También puede mantenerse utilizando a otras personas como amortiguadores. La familia o los amigos íntimos entrometidos o los espectros de amantes pasados pueden actuar como amortiguadores de la intimidad.

En el guion de demasiado cerca y demasiado lejos, puedes identificar cómo ambos refuerzan su dinámica de un EAP preocupado-evitativo por medio de las conductas predecibles de ambos. Deben avanzar para hacer las cosas de forma distinta, bien sea dando más espacio a tu pareja o acercándote a ella.

La lucha de poder

Cuando te quedas atrapado en este guion, has perdido el contacto con uno de los principios más importantes de una relación sostenible: el de compartir la influencia y el poder. Puede que estés pensando que el poder no tiene cabida en las relaciones saludables. Si es así, probablemente estés confundiendo el abuso con el poder. El auténtico poder es un intercambio dinámico y consensuado. No es malo o peligroso por naturaleza. El poder es el acto de influir en tu pareja y permitirte ser influido. Si una persona está dispuesta a liderar y su pareja a seguirla, estos roles son elegidos, y no dictados ni impuestos.

Las dinámicas de poder suelen pasar desapercibidas entre las parejas. Esto es lo que hace que se sientan represivas o no consentidas. En las dinámicas de poder intervienen muchos factores, como el sexo, la edad, la raza, la preferencia sexual, la etnia, la posición social, la clase social y el tipo de personalidad. El poder y los privilegios suelen estar entrelazados. El valor y el atractivo percibidos también influyen en las dinámicas de poder, además de aquello en lo que los miembros de la pareja invierten emocionalmente, o las cosas que hacen el uno por el otro, como hacer la comida, pagar las facturas y cuidar de los hijos. Si uno de los miembros de la pareja tiene más poder a la hora de tomar decisiones económicas, la otra persona tendrá a menudo más poder en otros ámbitos, como decidir sobre la vivienda o la proximidad al resto de la familia (consulta también el capítulo extra gratuito, "Poder y privilegio", disponible en ‹http://www.newharbinger.com/50034›).

En el guion de la lucha de poder, ambos miembros de la pareja se atrincheran y pelean por el control, en lugar de negociar o abrirse a la influencia del otro. Compiten por saber cuál es la ruta más rápida o más agradable para volver a casa. Riñen sobre qué sillón quedará mejor en la sala o sobre qué colchón será más cómodo para dormir. Discuten la forma más eficiente de meter los platos en el lavavajillas, por cuándo es un buen momento para tener relaciones sexuales, por quién tiene los padres o hermanos más simpáticos, por los alimentos más sanos o por la temperatura ideal del termostato.

El guion de la lucha de poder puede manifestarse como una extorsión en la relación:

> **Si fueras más cariñoso y atento, yo tendría más en cuenta tus necesidades.**

> **Si me apoyaras más, te expresaría mi afecto.**

> **Si compartieras tu mundo interior conmigo, dejaría de coquetear con el mesero.**

En este guion, no importa por qué pelean. Lo que importa es ganar el concurso de poder a cualquier precio... o al menos no perderlo.

Compartir el poder y ser flexible con él, estar dispuesto a escuchar la opinión del otro y asimilar la perspectiva de tu pareja son habilidades que puedes practicar en tu relación en momentos normales para reescribir este guion. Si te resulta difícil desempeñar el papel de oyente, practica el estar presente y no juzgar. Concéntrate más en tu pareja cuando escuches y menos en planificar tu respuesta. Si te cuesta adoptar el papel de hablante, practica la conexión contigo mismo y compartir la vulnerabilidad. Puedes cambiar este guion tomando las decisiones conjuntamente y tomando conciencia de las dinámicas de poder ocultas que les impiden abrirse a la influencia del otro.

Duelo aplazado

Hay corrientes de dolor que subyacen en nuestros momentos más felices. Cuando ganamos algo, también perdemos algo. Cuando celebramos el día de nuestra boda, perdemos nuestra antigua identidad de solteros; perdemos la fantasía de que el matrimonio nos hará felices y completos. Si nos curamos del dolor que hemos sufrido en relaciones pasadas, perdemos el consuelo de nuestra antigua y familiar identidad de víctimas. Contrariamente a la opinión popular, el duelo es una experiencia continua y corriente. No es solo un acontecimiento inusual relacionado con una pérdida importante, una crisis, un trauma o una tragedia. El duelo está entretejido en el lienzo de nuestra vida cotidiana.

Para una pareja, evitar el duelo puede ser una forma de rechazar la realidad. El duelo puede asustar. Aunque no es "malo" ni problemático en sí mismo, nuestra cultura pocas veces honra o reconoce su importancia. Aparentar ser fuerte, estar feliz y contento se considera un signo de estatus y éxito. Esto deja a la mayoría de los adultos con pocos recursos para lidiar y expresar su duelo en un contexto seguro.

Algunas pérdidas cotidianas por las que las parejas suelen evitar pasar el duelo son:

- la pérdida de rutinas reconfortantes
- la pérdida de autonomía e independencia
- la pérdida de tiempo libre o no programado para estar juntos
- la pérdida de la juventud o de la salud

- la pérdida de un aspecto en el que confiaban previamente de su funcionamiento físico o sexual
- un aborto espontáneo
- la pérdida de un trabajo
- la muerte de un cónyuge o un familiar
- la pérdida de confianza en el otro
- la pérdida del papel de cuidador cuando los hijos se van de casa

Las parejas pueden pensar que la mejor manera de afrontar las emociones derivadas de las pérdidas es actuar como si realmente no importaran y nada hubiera cambiado. Quizá redoblen sus esfuerzos por ser felices. Tal vez hagan más ejercicio, socialicen más, hagan mejoras en casa, viajen, se ocupen del trabajo, cuiden de otras personas o se unan a grupos de Facebook, clubes o causas. Aunque estas respuestas pueden ser formas sanas de afrontar la situación, no son sustitutos del duelo. Cuando las parejas posponen la experimentación de emociones relacionadas con la pérdida, el duelo no procesado contribuye a la ansiedad, el exceso de pensamiento y la rumiación de la relación.

Si quieren reescribir el guion del duelo aplazado, las parejas deben comenzar a reconocer las pérdidas, sean recientes o antiguas, y tomarse el tiempo y el espacio para pasar el duelo.

Todo lo demás antes que el amor

La hiperactividad crónica es el equivalente conductual del pensamiento obsesivo. Del mismo modo que pasar de *pensar en* a *estar con* puede ser difícil en el momento, también puede serlo hacer balance de lo que es importante en el aquí y el ahora. Al igual que la rumiación, la hiperactividad sin conciencia se vuelve compulsiva. Alimenta nuestro concepto de nosotros mismos: estamos ocupados porque somos importantes, tenemos éxito o nos necesitan. Mantenernos ocupados puede eclipsar el aspecto más esencial de nuestro bienestar en las relaciones: amar ahora.

Para la mayoría es fácil comprender la manera en la que las parejas pueden posponer el duelo. Pero ¿por qué pospondría alguien amar al otro cuando todo el mundo quiere amar y ser amado?

Amar no es una cosa ni un estado fijo. No es un objeto. No puedes encerrarlo en una caja de terciopelo rojo. Exige atención y cuidados. Si pospones regar una planta, luego no te preguntarás por qué se marchitó. Si pospones amar a tu pareja, es lógico que esta no se sienta amada por ti. Así de sencillo. Entonces, no te demuestra amor. Si tu pareja no te demuestra amor, no te sentirás amado por ella. Y cuando eso pasa es más fácil posponer también el demostrar el amor que tú sientes. Así, la hiperactividad y el posponer el amor se perpetúan.

> **Saldremos a divertirnos juntos cuando esté menos ocupado.**

> **Planearemos las vacaciones en cuanto termine este proyecto.**

> **Haremos un espacio para disfrutar del sexo cuando estemos menos saturados.**

> **Iremos a acampar en cuanto resolvamos la situación de la guardería de los niños.**

Sabrás que estás dentro de este guion si te escuchas poner excusas mes tras mes sobre por qué no haces las cosas que les traen alegría a ti y a tu pareja, y que alimentan tu sentido de conexión, pasión y paz.

Las parejas que posponen el amarse entre sí hasta que estén menos ocupadas, en el guion de todo lo demás antes que el amor, pueden ver los ciclos de preocupación y control que los tienen centrados en el futuro en lugar de en el presente. Pueden hacerse las siguientes preguntas: "¿Qué es lo que permite que nuestra relación prospere? ¿Cómo podemos conseguir un tiempo para esto?". Pueden dar prioridad a amarse el uno al otro hoy por encima de lo ocupados que se encuentren.

REESCRIBIR LA TRAMA

Si te encuentras recitando frases de alguno de estos guiones sin salida, lo primero que debes hacer es felicitarte. ¡Estás siendo consciente de ello! No debes caer en un ciclo de culpa como: "¡Ay, no! Estamos arruinando nuestra relación. Estamos dentro de un guion sin salida. Hemos fallado. Estamos condenados a leer las mismas frases para siempre. Esto es terrible". Si sientes algo de vergüenza al concientizarte de tu guion sin salida, reconoce el sentimiento, vuelve a leer tu lista de pequeñas victorias y añade: "Ver nuestro guion sin salida" a la lista.

Cuando reconoces que tú y tu pareja están atrapados en un guion, puedes cambiarlo con la ayuda de SLOW y las prácticas mencionadas anteriormente, que pueden apoyar la interdependencia, los límites positivos y la seguridad. Aunque estos guiones no son acusaciones personales ni signos de fracaso, sigue siendo tu responsabilidad ver cómo estos se desarrollan entre tú y tu pareja, además de cambiar tus frases y reescribir la trama de su historia de amor.

Al realizar una sola tarea cuando recurres a la atención y la conciencia, puedes ver los pensamientos, el primer paso para interrumpir la rumiación en la relación. Cuando analizas los pensamientos por lo que son, también comprendes lo que no son: una verdad absoluta. Ver los pensamientos desvía la energía del pensamiento obsesivo hacia estar con lo que está sucediendo en el momento. Las señales personales y de la pareja pueden actuar como "luces de advertencia" que te recuerdan que debes hacer una pausa y darte cuenta de que estás pensando demasiado. Si estás atrapado en un guion sin salida —uno de los diez bucles de retroalimentación negativa alimentados por la rumiación en las relaciones—, ser consciente de los ciclos de rumiación que alimentan tus palabras y acciones dañinas te ayudará mucho a reescribir tu guion.

A continuación aprenderás a *identificar*, el segundo paso de SLOW.

Capítulo 5

Identificar el hábito o patrón mental

Nombrar es el acto de representar el mundo por medio de símbolos. Es uno de nuestros más potentes superpoderes cognitivos. Unos investigadores de la Universidad Estatal de Ohio han descubierto una parte del cerebro en los recién nacidos que está preprogramada para letras y palabras. Esa área se denomina área visual de la formación de palabras, o VWFA, por sus siglas en inglés (Li *et al.*, 2020). Nombrar —o identificar— es una forma de usar el lenguaje para dar sentido a la realidad, y parece estar integrada en nuestra fisiología. El acto de identificar nuestros mundos internos y externos también puede ser un paso en el camino hacia la reducción de la rumiación en nuestras relaciones.

En el segundo paso de SLOW identificarás distintos elementos del hábito o patrón mental que participa en el pensamiento obsesivo. Basándote en lo que has aprendido hasta ahora, identificarás los elementos difíciles de detectar de los ciclos de rumiación que suelen pasar desapercibidos, empezando por los pensamientos individuales. Una vez que hayas identificado una secuencia de pensamientos, distinguirás entre dos tipos: hechos y pseudo-hechos. A partir de ahí, pasarás a identificar todo el ciclo de rumiación: ¿Se caracteriza por la culpa, el control, la preocupación, la duda o la autocompasión? Por último, practicarás la identificación del detonante que desencadenó tu ciclo y tu miedo de apego subyacente.

Como muchas de las cosas que pueden ocurrir en tu mente cuando rumias son difíciles de detectar, identificar los patrones que subyacen en los pensamientos obsesivos arroja luz sobre lo que te ocurre internamente. En el proceso de identificación pones en pausa lo que crees que "deberías" ser mientras examinas quién eres en realidad. Al interrumpir tu hábito de alejarte de los pensamientos negativos y dañinos, descorres la cortina de tus vulnerabilidades. Al igual que en *El mago de Oz*, en cuanto ves los pensamientos tal y como son, estos pierden gran parte de su poder. Incluso cuando los pensamientos son difíciles de percibir, el hecho de identificarlos puede ayudarte a verlos poco a poco. Cuanto más identifiques los pensamientos, menos personales te los tomarás.

Cuando te desconectas de los pensamientos obsesivos, puedes tomar nuevas decisiones que cambiarán cómo y cuánto piensas.

REGISTRAR LOS PENSAMIENTOS OBSESIVOS

La mejor forma de registrar los pensamientos obsesivos es llevando un diario de ellos. Por ejemplo, puedes estipular momentos específicos durante el día para dejar lo que estás haciendo y analizar tus pensamientos. Puedes programar recordatorios en tu teléfono: cuando suene la alerta, fíjate en lo que estás pensando. También puedes tomar muestras aleatorias de tus pensamientos a lo largo del día, haciendo una pausa para darte cuenta de cualquier pensamiento en el momento. Si capturas tus pensamientos sin planearlo, no caerás en la tentación de engañarte con pensamientos socialmente aceptables. Proponte hacer una pausa con regularidad en tus actividades, observa tus pensamientos y anótalos para identificarlos. Si salta la alerta que has programado en tu teléfono y te das cuenta de que te estabas imaginando, nervioso, a ti mismo y a tu novia aburridos y desdichados dentro de veinte años en el mismo pequeño departamento en el que viven ahora, las siguientes palabras podrían capturar esos pensamientos: "Mi novia nunca viajará conmigo ni explorará nuevos lugares. La vida pasa de largo. Acabaremos viejos e insatisfechos".

Los pensamientos pueden surgir en forma de recuerdos, imágenes, convicciones, juicios, sensaciones, destellos de intuición, sentimientos o una combinación de todas estas cosas. Como los pensamientos son escurridizos e insustanciales en comparación con los objetos físicos, plasmarlos en el lenguaje es una forma de hacerlos más estáticos y concretos. Ayuda a visualizarlos.

Ver e identificar los pensamientos con precisión es una práctica independiente muy poderosa, sea lo que sea lo que decidas hacer después con ello. Hacerlo puede sacarte de momentos de fusión cognitiva inconsciente, cuando estás tan atrapado en los pensamientos obsesivos que los confundes con la realidad.

A continuación te doy algunos consejos para identificar los pensamientos con eficacia. Cuanto más vulnerable, conciso y directo sea tu uso del lenguaje para identificar los pensamientos, más podrás estar con tus experiencias internas en lugar de mantenerlos a distancia o evitarlos con pensamientos obsesivos.

Emplea un lenguaje vulnerable

Identificar los pensamientos en los ciclos de rumiación es como atrapar camaleones. Los pensamientos pasivos se camuflan y se confunden con el fondo. En cuanto los expresas con palabras, es más difícil que los pensamientos cambien de forma y te eviten. Puedes ver sus colores reales.

Siempre que identifiques tus pensamientos y los escribas, utiliza palabras que revelen, no que oculten. Sé específico. Resiste la tentación de suavizarlos o embellecerlos. Si las palabras que eliges son simples y resuenan emocionalmente, es probable que estés identificándolos con precisión.

Las imágenes de tu fracaso escolar, los fragmentos de frases que llevas años escuchando sobre la importancia de la universidad y los recuerdos de conversaciones que te provocaban ansiedad con una pareja podrían traducirse en la siguiente secuencia de pensamientos identificados: "Sería terrible si eligiera la universidad equivocada. ¿Y si fracaso? Tengo miedo de que esta relación no vaya a durar".

Menos es más

Como licenciada en Literatura Inglesa con fama de usar demasiadas palabras en situaciones en las que es necesario hablar o escribir, me identifico con las personas a las que les cuesta expresarse de forma concisa. Me ha costado mucho tiempo comprender el valor de las palabras de dos y tres sílabas y de las oraciones cortas. Cuando reconoces el significado central que se esconde en el corazón de tus pensamientos —y lo expresas con concisión— puedes dejar de esconder lo que estás pensando de ti mismo.

Emplea oraciones y frases cortas para expresar cada pensamiento. Que tengan entre tres y siete palabras. Escribe de la misma forma que lo haría un niño de seis años: "No me gusta. Estoy triste. No es justo. Quiero que me presten atención".

Dilo sin rodeos

Si tus pensamientos están llenos de culpa, ira, autocompasión o resentimiento, no tengas miedo de capturar estas realidades emocionales en palabras. El propósito de identificar los pensamientos es verlos y conocerlos. No los juzgues... solo captúralos. Si estás juzgando, captura tus juicios y suposiciones. No te preocupes por ser simpático o correcto. Sé real.

Escribir tus pensamientos socialmente inaceptables tiene sus beneficios. La rumiación se alimenta de las formas en las que nos compadecemos de nosotros mismos con pasividad y en silencio, en las que hacemos suposiciones en secreto y avivamos expectativas y juicios que nunca hemos admitido, ni a nosotros mismos ni a nuestras parejas. Cuanto más "desvergonzado" seas a la hora de traducir los componentes básicos de los pensamientos obsesivos en lenguaje crudo y sincero que luego enfrentes y reconozcas, más rápido podrás desactivar la rumiación.

Comprueba la honestidad emocional de los pensamientos que escribiste leyéndotelos en voz alta. Si sientes un cambio en tu cuerpo conforme vayas avanzando (calor, tensión en la espalda o la mandíbula, escalofríos, náuseas o malestar en la boca del estómago), es probable que hayas tocado algo verdadero en el proceso de identificación.

Ejercicio individual: Identifico mis pensamientos

Programa un temporizador (la alarma del móvil sirve) para que se active una vez cada hora durante tres o cuatro horas consecutivas. Cada vez que suene, saca tu diario. Evita hacer varias cosas a la vez y centra toda tu atención en tu interior. Toma conciencia de los pensamientos que notes cuando suena la alarma y escríbelos con oraciones cortas, usando lenguaje honesto y sin rodeos. Anota la hora de la alerta junto a cada pensamiento o secuencia de pensamientos.

HECHO FRENTE A PSEUDO-HECHO

Tus pensamientos son versiones simbólicas de la realidad. Son significados que tejes en torno a ti mismo, tu pareja, tu relación y tu vida. En cuanto hayas identificado un pensamiento en tu diario, ya no puede confundirse con el fondo ni desvanecerse en el aire como habría podido ocurrir si no lo hubieras identificado. Lo has fijado... con lenguaje. Ahora es el momento de examinarlo. ¿Qué significa? ¿Merece la pena creerlo? ¿Contiene información importante? ¿Está difundiendo mentiras? Echa un vistazo a los siguientes pensamientos identificados: "Mi novia nunca viajará conmigo ni explorará nuevos lugares. La vida pasa de largo. Acabaremos viejos e insatisfechos". Observa cómo los pensamientos representan una constelación de suposiciones y predicciones basadas en el miedo sobre un futuro imaginario que tu mente ha elegido entre muchos futuros resultados posibles distintos relacionados con tu novia, viajar y vivir una vida plena.

Cuando identificas un pensamiento como un hecho o un pseudo-hecho, estás tamizando el trigo y la paja de tu propio pensamiento. Estás examinando cuáles de tus pensamientos identificados portan algo de verdad y cuáles son teorías rocambolescas. Dividir los pensamientos identificados en estas dos grandes categorías elimina la confusión a la hora de dejarse llevar por el peligroso viaje de los pensamientos obsesivos.

Hechos

Los hechos son verdades respaldadas por pruebas. Las opiniones y declaraciones pueden convertirse en hechos si se demuestran. "El cielo es azul" puede ser una opinión. Como ahora sabemos que la longitud de onda del color azul proveniente de la luz solar rebota en las partículas y los gases atmosféricos más que las frecuencias de los otros colores en los haces de luz, debido a su menor longitud de onda, ahora podemos apoyar dicha afirmación con pruebas. Al mismo tiempo, y debido a la cambiante refracción, el cielo no siempre se ve azul. A veces es rojo o amarillo, incluso rosa y gris. Si eres daltónico, la frase "el cielo es azul" quizá no sea un hecho comprobable para ti, pero los argumentos científicos pueden ayudarte a entender por qué es verdad para los demás.

"Eres feliz" puede ser tanto un hecho como un pseudohecho sobre tu pareja. Si se examina a sí misma, y percibe un flujo de energía personificado, cálido y expansivo que le hace sonreír, reír o relajarse, y está de acuerdo con tu valoración de su estado emocional, entonces tienes pruebas. En ese caso, la declaración "¡Eres feliz!" pasa de ser una opinión a un hecho.

Los juicios, sobre todo los duros o negativos, son pseudohechos. Implican que una persona, lugar, cosa, idea creativa, perspectiva o valor no merece atención, curiosidad, dignidad, comprensión ni respeto. Por eso, los juicios no pueden ser verdaderos.

Las opiniones y declaraciones son pseudo-hechos que esperan a ser elevados a la categoría de hechos en cuanto se aporten pruebas. Si piensas: "Mi sillón cabe perfectamente por la puerta de entrada del departamento de mi novio", no es más que una opinión hasta que midas bien las dimensiones del sillón y de la puerta de la casa de tu novio. Las opiniones y declaraciones no siempre se basan en la desaprobación, como los juicios. Pero tampoco son hechos hasta que los apoyas con pruebas.

¿Recuerdas a William y Theo del capítulo 1? William rumia sobre estar desempleado. Piensa: "No puedo vivir para siempre de mis ahorros". Si tiene 10 000 dólares en su cuenta de ahorros, paga 2 000 dólares de renta por el departamento que comparte con Theo y se gasta 800 dólares al mes en comida y otros 500 dólares en gastos variados, entonces el pensamiento: "No puedo vivir para siempre de mis ahorros" es, en verdad, un hecho (comprobable en tan solo tres meses). Los demás pensamientos de William, como: "Debería haber hecho algo más con mi vida", "¿Y si acabo indigente y sin hogar?" o "Solo es cuestión de tiempo antes de que Theo rompa conmigo" son opiniones que pasan por pseudo-hechos.

Pseudo-hechos

Los pseudo-hechos son opiniones, juicios, suposiciones o expectativas que confundes con verdades.

Es natural juzgarlo todo, desde el sabor del café de la mañana hasta las habilidades de conducción de tu pareja. Nuestra capacidad de juicio nos permite ser eficaces en la toma de decisiones. Nos esforzamos por conservar toda la energía posible para alcanzar objetivos y gestionar vidas complejas. Esto implica hacer juicios en fracciones de segundo. Juzgar nos ayuda a utilizar las experiencias pasadas para evaluar algo en el presente que no comprendemos del todo, con el fin de lograr un objetivo. Al mismo tiempo, nos protege de experimentar la inseguridad y la ansiedad que podemos sentir cuando nos enfrentamos a lo desconocido.

El subtexto de un juicio negativo es: "Esta persona, lugar, cosa, idea creativa, perspectiva o valor no merece atención, curiosidad, dignidad, comprensión ni respeto". Los juicios ofrecen una visión parcial e incorrecta. Cuando nos juzgamos a nosotros mismos o a nuestras parejas, estamos encogiendo la realidad para adaptarla a esta visión. Esto puede parecer más seguro que permanecer abiertos a un punto de vista más completo. Al impedir que nuestro amor, respeto y cariño lleguen a lo que juzgamos, intentamos distanciarnos de nuestras vulnerabilidades.

William distingue entre estas dos categorías de pensamiento en sus ciclos de rumiación. Reconoce: "Soy un perdedor" y "No soy bueno" como ejemplos de juicios disfrazados de pseudo-hechos. Son puntos de vista parciales e incorrectos de sí mismo arraigados en la desaprobación.

De forma parecida a los juicios, las opiniones también pueden ser dañinas en los ciclos de rumiación cuando se enmascaran como pseudo-hechos e impactar negativamente en el campo de tu relación, tus decisiones y tus conductas hacia tu pareja. Algunas opiniones que funcionan como pseudo-hechos en el ciclo de rumiación de William son: "A mi edad es imposible encontrar trabajo. Probablemente, mis colegas crean que soy un perdedor. ¿Y si acabo indigente y sin hogar?".

En un revoltijo de juicios, opiniones y expectativas, los pensamientos que dan vueltas por tus ciclos de rumiación pueden verse como hechos cuando en realidad son pseudo-hechos sin apoyo de pruebas. Pasar por el proceso de ver los pensamientos, escribirlos e identificarlos como hechos o pseudo-hechos te ayudará a reconocer la diferencia. Este es un proceso importante que debes llevar a cabo de forma consciente e intencional, sobre todo cuando estás basando acciones, decisiones y elecciones que impactan en tu pareja y tu relación en los 6 200 pensamientos que piensas en silencio (y que probablemente pienses obsesivamente) todo el día, cada día.

Ejercicio individual: Identifica los hechos y los pseudo-hechos

Echa una ojeada a tu diario y elige un ejercicio que ya hayas terminado, uno en el que hayas identificado pensamientos. Por ejemplo, en el ejercicio "Señales de 'Pensar en' y de 'Estar con'", revisa los pensamientos que escribiste en la columna del medio, "Pensar en". Luego, crea dos columnas nuevas tituladas "Hecho o pseudo-hecho" y "Pruebas".

Anota si el pensamiento que identificaste es un hecho o un pseudo-hecho y escribe "H" o "PH" a su lado. Si lo identificaste como un hecho, anota las pruebas de las que dispones que apoyen su estatus de hecho en esta columna. Si no, identifica si es un juicio, una opinión, una suposición o una expectativa. Vince (del capítulo 2) ha identificado los siguientes pensamientos en su columna "Pensar en": "Ronald come fatal", "Tiene la presión arterial alta" y "Si me amara de verdad, comería alimentos más saludables". Identifica el primero y el segundo pensamiento como "H", de hechos, y el tercero como "PH", de pseudo-hecho. En la columna "Pruebas", Vince escribe lo siguiente: "Lo veo comer solamente comida procesada todo el día", para apoyar la "H" y "Las pruebas médicas lo demuestran" en el primero y el segundo pensamiento.

Para el tercer pensamiento no tiene pruebas rigurosas; escribe "Suposición" en la columna "Pruebas".

Puedes encontrar un PDF con la plantilla para este ejercicio en <http://www.newharbinger.com/50034>.

IDENTIFICA EL CICLO DE RUMIACIÓN

Puedes comprender mejor la carga negativa que alimenta tus pensamientos obsesivos (y desactivarla) si identificas tu ciclo de rumiación. En cuanto notes que tu mente se acelera practica los dos primeros pasos de SLOW: ver e identificar. Los pensamientos acelerados suelen ser una señal personal de que estás rumiando, y la puedes agregar a la lista de luces de advertencia que creaste en el capítulo 4.

Una vez que hayas visto tus pensamientos, escribe un par de ellos en tu diario de pensamientos para identificarlos. Reconoce si son hechos o pseudo-hechos. En lugar de quedarte en el nivel superficial de estos pensamientos, ¿puedes percibir su carga emocional? Averigua qué está alimentando una secuencia de pensamientos que has identificado mediante la siguiente pregunta: "¿Estos pensamientos reflejan culpa, preocupación, duda, control o autocompasión?". Es más fácil desentenderse del contenido de los pensamientos cuando dejas de tomarlos al pie de la letra y consideras qué puede estar alimentándolos.

Identificar tu ciclo de rumiación puede hacer que dejes de pensar obsesivamente y sin sentido y comiences a tener una experiencia más completa de lo que está pasando en tu interior, más allá del contenido de los pensamientos.

IDENTIFICA EL DETONANTE

Decir que "algo te ha provocado" encierra un proceso complejo. Cuando algo te provoca, algo externo desencadena una experiencia interna de amenaza.

Supón que encuentras una mancha roja en la camisa de tu pareja cuando vuelve de un viaje. La mancha podría ser de labial o una mancha de mermelada de frambuesa. El detonante externo (una mancha roja) se conecta con experiencias internas (en este caso, el miedo al abandono, la pérdida o la traición) por medio de una conexión amenazante que se activa. Rápidamente, te defendiste contra tus experiencias internas con pensamientos obsesivos que te dan una ilusión de control, por muy dolorosos que sean. "Debe ser labial. Oh, no, sabía que esto pasaría tarde o temprano. Está teniendo una aventura. No debería haber confiado en él. No me ama. Quizá nunca me amó." Aunque estos pensamientos generan su propio tipo de ansiedad y dolor emocional, abundar en ellos también erige una barrera de pensamientos entre tu cuerpo y tus emociones y tú.

Sin embargo, si interpretas la mancha roja como mermelada de frambuesa, aunque el detonante externo no ha cambiado, pues es exactamente el mismo, este no activa la conexión amenazante. Tus vulnerabilidades relacionadas con el miedo al abandono y la traición continúan dormidos. Los pensamientos obsesivos no se activan y los ciclos de rumiación permanecen estáticos.

Un detonante puede ser una acción de tu pareja... o una omisión. Piensa en la larga pausa (¡una eternidad!) cuando dices "te amo" y esperas que la otra parte lo repita. O quizás adviertes una mueca cuando le preguntas cómo te queda tu camisa hawaiana. O hueles alcohol en su aliento cuando te da el beso de buenas noches a pesar de que hace apenas unas semanas te había jurado que dejaría de beber. Parte de lo que hace que los detonantes sean poderosos es que no solo están conectados a algo que experimentas en el momento presente. Pueden activar todo tu sistema de apego inconsciente. Por eso son tan importantes en las relaciones.

Debido a su carga emocional, a menudo tratamos de olvidarnos de los detonantes lo más rápido posible después de que ocurran, con la esperanza de que hayan sido cosa de una sola vez y no vuelvan a molestarnos de nuevo. Pero siempre regresan. Ignorar, olvidar o minimizar los detonantes es parte de lo que los mantiene activos... y lo que nos mantiene reactivos cada vez que nos sorprenden.

Identificar tus detonantes aumenta tu conocimiento sobre los tipos de cosas, acontecimientos, actividades, situaciones y personas que desencadenan tus pensamientos obsesivos en el campo de tu relación. Conocer tus detonantes puede ayudarte a centrarte en lo que necesitas para sentirte a salvo. Compartir tus detonantes con tu pareja también puede ayudarte a colaborar a mantener la paz. Aunque tu pareja no tiene ninguna obligación de satisfacer todas tus necesidades relativas a la seguridad, saber cuáles son tus detonantes le brinda información importante sobre ti.

Si te incomoda que no te llamen, pues te sientes más seguro cuando se comunican contigo unas cuantas veces al día, no es responsabilidad de tu pareja el llamarte con frecuencia. Al mismo tiempo, porque lo sabe, tu pareja puede sentirse más inclinada a comunicarse contigo y "tocar base", pues comprende tu detonante. El hecho de saber, identificar y aceptar tus detonantes más potentes puede ayudarte a dejar de rumiar cuando un detonante active tu conexión amenazante.

En el siguiente ejercicio tendrás la oportunidad de crear una lista de detonantes y registrar los momentos del día en los que te sientes sobrepasado, nervioso o incómodo en tu relación. Como los detonantes son como los truenos que preceden a los tormentosos ciclos de rumiación, conocerlos puede alertarte de que se acerca un cambio inesperado en tus patrones climáticos internos.

Ejercicio individual: Mi lista de detonantes

Traza tres nuevas columnas en tu diario, a las que nombrarás: "Fecha y hora", "Detonante" e "Intensidad (1-5)", respectivamente. Cuando ocurra algo molesto, préstale atención. Si tu novia entra en casa antes que tú y te cierra la puerta en las narices, tómate un tiempo para calmarte. Identifica el momento que te provocó y resúmelo. Por ejemplo, puedes escribir en la columna "Detonante": "Cuando mi novia me cerró la puerta en las narices en lugar de mantenerla abierta", en la columna "Fecha y hora": "Lunes, 2:15", y en la columna "Intensidad": el número "3" (de 5), equivalente a "ligeramente molesto".

Repite este proceso muchas veces al día durante la próxima semana hasta que tengas una lista de detonantes recurrentes en tu relación. Cuando cualquiera de estos detonantes vuelva a surgir, sabrás que tu conexión amenazante puede estar activa.

Si quieres descargar el PDF con la plantilla de este ejercicio, consulta <http://www.newharbinger.com/50034>.

IDENTIFICA LOS MIEDOS RELACIONADOS CON EL APEGO

Los detonantes individuales suelen entrar en categorías más amplias de ansiedades de por vida que se conocen como miedos relacionados con el apego. Si has comenzado a crear una lista de detonantes, es posible que ya te hayas dado cuenta de que aunque tus detonantes individuales pueden variar, algunos temas aparecen una y otra vez.

Los miedos relacionados con el apego tienen sus raíces en la infancia. Como analizamos en el capítulo 2, las experiencias interpersonales tempranas con los cuidadores y las figuras de autoridad en los que confiabas o de los que dependías para cubrir tus necesidades físicas y emocionales han moldeado tu estilo de apego. Es posible que tengas algunos miedos relacionados con el apego, como el ser controlado, abandonado o infravalorado. Cualquiera de estos miedos puede activarse con tu pareja en distintas ocasiones y de diferentes formas.

Si ser juzgado es uno de tus miedos relacionados con el apego, el comentario de tu pareja sobre cómo te quedaba el vestido antes de las vacaciones puede activarlo. Una semana después, este mismo miedo se manifestará cuando tu pareja te sugiera que no sabes de lo que estás hablando, durante una conversación acalorada sobre los nómadas digitales. O puede que experimentes este miedo cuando parezca que tu pareja critica a uno de tus amigos. En cada una de estas situaciones, aunque el detonante es distinto, el miedo relacionado con el apego es el mismo.

Cuando identificas pensamientos obsesivos, ya estás comenzando a tomar conciencia de tus miedos relacionados con el apego. Hazte la siguiente pregunta: "¿Qué miedo está detrás de estos pensamientos? ¿Tengo miedo de que me abandonen? ¿De sentirme atrapado? ¿Me da miedo que me infravaloren? ¿Temo que me controlen?".

Los miedos relacionados con el apego pueden ir desde el miedo a que se rían de ti hasta el temor de que te aniquilen. Algunos de los miedos más comunes relacionados con el apego son:

ser abandonado	*ser avergonzado*	*ser malinterpretado*
ser controlado	*ser engañado*	*no ser apreciado*
ser rechazado	*ser traicionado*	*ser herido*
ser violado	*ser objeto de risas*	*ser manipulado*
no ser deseado	*ser despedido*	*ser cosificado*
ser excluido	*ser pasado por alto*	*ser utilizado*
ser infravalorado	*no ser escuchado*	*ser culpado*
estar desatendido	*no ser visto*	*ser un blanco fácil*
ser ignorado	*ser explotado*	*ser debilitado*
ser objeto de burla	*ser dominado*	*ser menospreciado*
ser ridiculizado	*ser incomprendido*	*ser olvidado*

Cuando Kerri atrapa a Margo en medio de una llamada por FaceTime con su atractiva colega en mitad de la noche,

Margo siente remordimientos. Admite que lo que comenzó como un coqueteo inocente se había convertido en una aventura emocional. A pesar del compromiso de Margo de volver a ganarse la confianza de Kerri y trabajar en sí misma, Kerri rumia sobre la colega de Margo todo el tiempo. "¿Y si no la hubiera descubierto? ¿Se habría convertido en una infidelidad de verdad? ¿Y si se queda conmigo por culpa? ¿Y si Margo me abandona?" El rendimiento laboral de Kerri empeora debido a su ansiedad.

Kerri elige un día en el que no tiene mucho trabajo y programa una alarma en el teléfono para que suene cada hora entre las 10 de la mañana y las 4 de la tarde. Cuando el recordatorio suena, ella se toma dos minutos para identificar sus pensamientos, distinguir entre hechos y pseudo-hechos e identificar sus ciclos de rumiación, sus detonantes y sus miedos relacionados con el apego. Si no sabe cómo nombrar algo, lo indica con un signo de interrogación.

Por ejemplo, a las 10 de la mañana, Kerri identifica los siguientes pensamientos: "Me va a engañar. No puedo creer que confiara en ella. Soy un despojo". Kerri las marca todas como "PH", pseudo-hechos, y comprende que estos pensamientos giran en ciclos de autocompasión y preocupación. También identifica el detonante, del cual escribe: "Una nueva pasante en el trabajo me recordó a la colega de Margo". Kerri reconoce su miedo relacionado con el apego como "ser abandonada".

Reconocer los miedos relacionados con el apego puede aumentar la autocompasión. Asimismo, aceptar los miedos relacionados con el apego como algo natural y comprensible es una forma de abrazar tu humanidad. Estos miedos serán una constante en varios detonantes. Cuando te tomas el tiempo para verlos e identificarlos, estás con ellos en lugar de defenderte contra ellos con pensamientos obsesivos.

Ejercicio individual: Identifica los miedos relacionados con el apego

¿Qué miedos tienes en tu relación de pareja? Echa un vistazo a la lista de aquellos relacionados con el apego que aparece anteriormente o consulta <http://www.newharbinger.com/50034>, donde encontrarás un PDF con la plantilla de este ejercicio. En un diario, escribe tres miedos relacionados con el apego a los que más te enfrentes, aquellos que alimentan las peleas y los conflictos recurrentes.

Conforme el día transcurra y vayas interactuando con tu pareja, ten en mente esos temores. Si algo te molesta, comprueba en tu interior si alguno de esos miedos está activo. Si es así, identifícalo. Por ejemplo, si uno de tus tres mayores temores relacionados con el apego es "ser ignorado" y tu pareja sigue contándote una anécdota sobre el trabajo a pesar de que le pediste que parara, identifica tu miedo y reconócelo en el momento en el que seas consciente de él. Puedes hacerlo diciéndote lo siguiente: "Estoy experimentando mi miedo relacionado con el apego de ser ignorado justo ahora". Familiarízate con cómo sientes este miedo en tu cuerpo cuando está activo en lugar de pensar en lo intensa o maleducada que es tu pareja, lo inseguro que estás de la supervivencia de tu relación o en que deberías darle una lección a tu pareja. También puedes reafirmar tu petición y seguir adelante con un "ultimátum positivo", como los comentados en el apartado de "límites positivos" en el capítulo 2. Puede sonar algo así como: "Si sigues contándome esta anécdota a pesar de que te dije que pararas, me iré del cuarto".

Estar con los miedos relacionados con el apego en lugar de pensar en las situaciones que los activan puede reducir la rumiación con el tiempo y aumentar la conciencia de uno mismo.

Ejercicio individual: Planilla de identificación

En un diario, traza seis columnas desde la parte superior de una página, nómbralas de izquierda a derecha, respectivamente: "Hora", "Pensamientos", "Tipo", "Ciclo", "Detonante" y "Miedo relacionado con el apego". Luego, programa una alarma a intervalos regulares para que revises tus pensamientos a lo largo del día.

Cuando los recordatorios suenen, escribe la Hora en la columna correspondiente. Identifica brevemente los Pensamientos en la siguiente columna, de manera que el contenido sea directo. Usa frases cortas y palabras sentidas. Después, identifica el Tipo de pensamiento (hecho o pseudo-hecho) en la columna que le corresponde. Identifica el Ciclo de rumiación e incluye una breve descripción de un posible Detonante en las columnas que lleva dichos nombres. Por último, identifica el miedo que experimentaste en la columna "Miedo relacionado con el apego". Si no estás seguro de qué escribir en cualquiera de las columnas, anota un signo de interrogación, las siglas "N/A" de "no aplica" o deja la casilla en blanco.

Para obtener la versión en PDF de la plantilla para realizar este ejercicio y un ejemplo de llenado con el caso de Kerri, consulta <http://www.newharbinger.com/50034>.

Si ves e identificas los hábitos mentales y los patrones cognitivos que normalmente pasas por alto, se convertirán en aspectos de tu vida interior que deberás afrontar en lugar de evitar. Cuando identificas y comprendes los miedos relacionados con el apego que hay detrás de tus detonantes, les das sentido a tus reacciones emocionales. A medida que eliges estar con partes de ti mismo que te incomoda experimentar y que normalmente evitas, la rumiación se debilita como mecanismo de defensa al cual recurrir.

Nombrar —o identificar— puede ser un paso en el camino para reducir la rumiación en las relaciones. En este capítulo practicaste el uso de un lenguaje vulnerable y descripciones breves y sinceras al identificar los pensamientos. También examinaste de forma crítica la exactitud de los pensamientos obsesivos al evaluar si los pensamientos son hechos o pseudohechos. Por último, exploraste las conexiones entre los pensamientos, los ciclos de rumiación, los detonantes y los miedos relacionados con el apego. A continuación, en el tercer paso de SLOW, practicarás el abrirte.

Capítulo 6

Abrirse a lo que está ocurriendo en el momento

♥ ♥ ♥

El momento presente es donde siempre se desarrolla nuestra vida. Aunque los seres humanos tienen muchas formas de eludir las experiencias incómodas en el aquí y el ahora, el presente abarca todo el tiempo todo lo que hay. Nuestros pensamientos sobre el pasado ocurren en el presente. Lo mismo se aplica para nuestros pensamientos sobre el futuro. Y todos estamos conectados al momento presente por medio del conducto de nuestro cuerpo. De esta manera, la vida siempre se desarrolla en el aquí y el ahora.

Abrirse requiere práctica. En este capítulo, que se enfoca en el tercer paso de SLOW, se te presentarán tres formas en las que puedes abrirte a lo que está pasando en tu interior y en el campo de tu relación: a través de sensaciones, emociones e impulsos. También se te presentarán cuatro prácticos anclajes de la conciencia que puedes usar en cualquier parte y en cualquier momento para apoyar la apertura. Estos anclajes son la respiración, las sensaciones, los sonidos y la conciencia en sí.

Los anclajes de la conciencia fomentan un estado mental más abierto. Si los utilizas con regularidad, te darás cuenta de que vives más en el aquí y el ahora que en el pasado o el futuro. Hacer esto puede prepararte para practicar el estar abierto mientras conectas con tus vulnerabilidades en SLOW. Si logras que el abrirte sea una práctica habitual cuando estás tranquilo y hay poco en juego, te resultará más fácil recurrir a ello cuando te encuentres reaccionando a un detonante o atrapado en un ciclo de rumiación.

Ejercicio conjunto: Pasado, presente o futuro

Mi marido y yo tenemos una pregunta sencilla de cuatro palabras que nos hacemos mutuamente para ayudarnos a regresar al momento presente. Podemos hacérnosla mientras vamos en coche a alguna parte, cuando cruzamos la calle, estamos cenando con amigos o si nos cruzamos en la cocina o el pasillo. La pregunta es una indicación para que hagamos una pausa y cobremos conciencia de dónde estamos en nuestra mente. En cualquier momento, cualquiera de los dos hace la pregunta: "¿Pasado, presente o futuro?". Si soy yo la que cuestiona, mi marido puede contestar, por ejemplo: "Pasado. Estaba pensando en la boda de un amigo". Y yo puedo contarle dónde estaba mi mente justo antes de hacerle la pregunta. Por ejemplo, algo como: "Futuro. Pensaba en mi horario de mañana". Prueben a hacerse esta pregunta de cuatro palabras un par de veces al día durante la próxima semana: "¿Pasado, presente o futuro?".

Cada vez que uno de los dos pregunte, dirijan su atención hacia su interior durante unos pocos segundos, dense cuenta de sus pensamientos y respondan con sinceridad. Una alternativa si lo estás haciendo en soledad es programar una alarma para recordarte el hacerte la pregunta.

En cuanto sepas en qué marco temporal te encuentras, es más fácil recordar dónde estás en realidad en este momento y tomar la decisión de regresar al aquí y el ahora.

VULNERABILIDAD

Abrirse a la vida es una experiencia intrínsecamente vulnerable. En el mejor de los casos, conectarnos con el aquí y el ahora nos pone en contacto directo con nosotros mismos, con otras personas y con nuestro entorno. En el peor, nos expone a la incomodidad, la vergüenza, la ansiedad, la humillación y el dolor. La reverenda angel Kyodo williams dice: "En el ahora, experimentamos dolor, pero cuando llevamos el dolor al momento siguiente, entonces estamos sufriendo" (Howes, 2021). Como parte del crecimiento en un mundo complicado e impredecible aprendemos a asociar el estar presente con la vulnerabilidad y la vulnerabilidad con el peligro. Desarrollamos estrategias de elusión para protegernos de la experiencia directa.

Pensar demasiado es nuestra estrategia para evadirnos de la vulnerabilidad más práctica y socialmente aceptable. También es la forma en la que llevamos nuestro dolor al momento siguiente y lo convertimos en sufrimiento. A menudo, cuanto más bajo es nuestro nivel de tolerancia a la vulnerabilidad en una relación sentimental comprometida, más rumiación sigue a un detonante. Se activa una conexión amenazante y nuestra rumiación se pone en marcha en un intento de reducir la incomodidad. Tanto si estamos experimentando ira, amor, impotencia, ansiedad, indignidad, inseguridad o una mezcla de estas emociones, la rumiación en las relaciones nos desvía de nosotros mismos. El psicoterapeuta Mark Epstein lo expresa así en *Pensamientos sin pensador* (*Thoughts Without a Thinker*, 2013): "Es nuestro miedo a experimentarnos directamente lo que crea sufrimiento. La rumiación es un síntoma de la alergia que hemos desarrollado al momento presente y a nuestra propia vulnerabilidad". La escritora e investigadora Brené Brown (2012) define la vulnerabilidad como "incertidumbre, riesgo y exposición emocional". La describe como "despertarse cada día y amar a alguien que puede o no correspondernos, cuya seguridad no podemos garantizar, que puede permanecer en nuestras vidas o marcharse sin previo aviso, que puede ser leal hasta el día de su muerte o traicionarnos mañana" (p. 34).

A veces confundimos la emocionalidad o la impulsividad con la vulnerabilidad. Si lloras a moco tendido, puedes pensar: "Sé cómo sentir mi tristeza". Pero ¿y si llorar es la forma en que aprendiste a encubrir la ira con lágrimas? Si le gritas a tu pareja, puede que excuses este comportamiento diciendo: "Soy emocionalmente expresivo". Pero ¿y si gritar es la forma que tienes para descargar emociones sin experimentarlas plenamente ni conectar con ellas?

Las reacciones alérgicas pueden reducirse con inmunoterapia, donde la exposición aumenta tu tolerancia al alérgeno y disminuye la intensidad de tu respuesta alérgica. La rumiación en las relaciones también puede reducirse mediante la exposición gradual y controlada al alérgeno, que en este caso también es la cura: permanecer con lo que está pasándote en el momento.

Cuando te abres a experimentar lo que está pasando dentro de ti, lo que estás haciendo es una forma de trabajo de exposición terapéutica. En este trabajo, superas un miedo a algo cuando estás con lo que temes y haces la actividad que temes. Por ejemplo, si te da miedo conducir sobre los puentes, busca un paso de peatones por encima de una calle y camina sobre él. Si tienes miedo de meterte en un elevador con mucha gente, entra a uno con tu pareja y sube un solo piso. Gradualmente, de poco en poco, llegarás a conducir sobre puentes y a estar en elevadores con mucha gente y subir hasta los últimos pisos de edificios más altos. Hacemos trabajo de exposición terapéutica con nuestra vulnerabilidad cuando no evadimos lo que nos provoca, aunque sea incómodo. Atrapamos nuestra rumiación y nos abrimos para saber y experimentar aquello de lo que quizá no seamos totalmente conscientes.

Con el tiempo, y con práctica, aprenderás a enfrentar tu presente en lugar de activar un estado de rumiación. Gracias a la repetición de experiencias directas desarrollas más confianza y seguridad en que el hecho de experimentar tu vulnerabilidad no es malo, peligroso ni intolerable por naturaleza.

TRÍO DE VULNERABILIDADES: SENSACIONES, EMOCIONES E IMPULSOS

La experiencia de sonido estilo Dolby Surround de nuestras sensaciones, emociones e impulsos vulnerables es impredecible, como el mundo que nos rodea. Nuestras sensaciones, emociones e impulsos van y vienen en respuesta a la interfaz entre nuestro mundo interior y nuestro entorno. Pueden ser desde muy agradables hasta muy dolorosas. Aunque no podemos controlar el hecho de que surjan, sí podemos —y, de hecho, lo hacemos— graduar lo mucho o poco que las experimentamos directamente.

Sería poco práctico e insostenible conectar siempre con tus sensaciones, emociones e impulsos. No es útil abrirte a la profundidad de tu pena en medio de la exposición de arte de tu amiga solo porque te sientas triste. Pero puedes practicar el abrirte al dolor y al impulso de llorar de una forma segura cuando sea apropiado. Cuando la rumiación se convierte en tu reacción por defecto ante conexiones amenazantes activadas y detonantes a las relaciones, te aísla de tu vida, de tu pareja y de ti mismo. Cuanto más auténtica sea tu relación contigo, más probabilidades tendrás de alimentar la autenticidad con tu pareja.

Para abrirte a lo que ocurre dentro de ti en el aquí y el ahora debes elegir estar regularmente con tus propias sensaciones, emociones e impulsos.

Abrirse a las sensaciones

Las sensaciones y el cuerpo están interconectados. Estar totalmente vivo significa ver, oler, saborear, tocar y oír. Abrirse a las sensaciones significa permitirte experimentar la vida a través de tus sentidos. ¿Recuerdas la lámpara del capítulo 5? A medida que relajas el haz de tu conciencia, en un enfoque más amplio y expansivo que incluya tu cuerpo, obtendrás acceso a sensaciones de todo tipo.

No nos resulta tan difícil silenciar o bloquear los datos que transmiten nuestros sentidos. Es habitual dar prioridad a nuestros pensamientos e impulsos sobre las sensaciones. Para muchos de nosotros, la fuerza, la competencia, la productividad y la inteligencia son lo más importante. Hemos aprendido que estas son las cualidades, habilidades y capacidades no negociables que nos permitirán mantenernos a salvo, tener éxito y prosperar. A veces, sufrimos un trauma que dificultó que confiáramos en nuestro propio cuerpo. El trauma puede dejarnos disociados de este último como protección contra futuras transgresiones.

La calidez de un abrazo, un corte en el dedo con una hoja de papel, el sabor de las frambuesas... todo eso son sensaciones. El placer y el dolor físicos abarcan una gran variedad de sensaciones. Si bloqueas las experiencias que están disponibles para ti en esta área de tu vida interior, estarás bloqueando tu propio acceso al alcance y la amplitud de la inteligencia en tu cuerpo.

Cuando la rumiación inhibe la conciencia de las sensaciones, debes practicar el abrirte preguntándote lo siguiente: "¿De qué sensaciones soy consciente en mi cuerpo justo ahora?". Luego, permanece en sintonía con tu cuerpo y presta atención a lo que surge. Ten paciencia y curiosidad. Practica el desapego.

Abrirse a las emociones

Paul Ekman (2007) afirma que hay seis emociones básicas: felicidad, tristeza, miedo, asco, ira y sorpresa. En su opinión, todas las demás emociones son una combinación de las anteriores. Un estudio reciente, publicado en 2017 en la revista *Proceedings of the National Academy of Sciences* (PNAS), establece veintisiete emociones básicas distintas: aburrimiento, admiración, adoración, alegría, alivio, ansiedad, antojo, apreciación estética, arrebato, asco, asombro, calma, confusión, deseo sexual, diversión, dolor empático, entusiasmo, horror, interés, ira, miedo, nostalgia, romance, satisfacción, sorpresa, tristeza y vergüenza (Cowen y Keltner, 2017). Abrirse a las emociones significa llegar a conocer las propias al experimentarlas de forma más profunda y plena cuando surgen.

Al evitar —o controlar— las emociones no deseadas, reduces tu experiencia directa de ellas. Sin embargo, las emociones siguen fluyendo a través de ti. A veces, las has bloqueado tan bien que ni siquiera eres consciente de ellas, como el móvil que sacas de tu bolsillo trasero para evitar sentirte solo cuando tu pareja juega videojuegos, el helado que te comes para adormecer la ansiedad o la tarjeta de crédito o el vapeador que inhalas para distraerte de tus sentimientos de inseguridad. Así la rumiación se vuelve automática. Es una distracción de la soledad, la tristeza, la impotencia y otras emociones. Pero estas experiencias incómodas no se desvanecen cuando las bloqueas. Siguen dentro de ti... silenciadas y escondidas bajo capas de tensión y pensamientos obsesivos.

Abrirte a lo que está presente para ti emocionalmente puede reconectarte con tus verdaderas necesidades. Si la rumiación sobre las relaciones ha bloqueado tu vida emocional, debes recurrir a una mentalidad de crecimiento y practicar el abrirte. Pregúntate lo siguiente: "¿Qué hay aquí emocionalmente ahora mismo?". Sintoniza con cualquier corriente emocional en tu interior y observa lo que surge.

Abrirse a los impulsos

Los impulsos son las semillas de las acciones antes de convertirse en conductas. Preceden a las ansias, pretensiones, necesidades y deseos.

Toda acción y conducta comienzan con un impulso, pero no todos los impulsos terminan en conductas y acciones. Puedes ser consciente de tus impulsos sin actuar sobre ellos. También puedes ser inconsciente de tus impulsos y actuar sobre ellos. Abrirte a los impulsos significa dejarte estar con la experiencia de tus propios impulsos. Después, tú decides si actuar sobre ellos o no... y cómo hacerlo. Aunque no actúes sobre un impulso, abrirte a él y conocerlo puede serte útil. Los impulsos contienen información valiosa. Se entrelazan y se superponen con las emociones en un rico diálogo interdisciplinar.

Abrirse a los propios impulsos y comprenderlos favorece un pensamiento positivo, y permite tomar decisiones y resolver los problemas de una forma saludable. Los impulsos, como las emociones, no son buenos ni malos. Son información en forma de experiencia encarnada en bruto. Cuando te abres a los impulsos, observas lo que te estimula bajo la superficie. Sientes curiosidad por tus reacciones. ¿Existe el impulso de limitarte, de acercarte a tu pareja o de apartarte? En un momento de enfado, ¿se te dispara la energía a las piernas y los brazos? Cuando tu pareja te critica, ¿se debilita algo dentro de ti, como si te convirtieras en una marioneta de madera?

Si la rumiación bloquea tus impulsos —o si actúas con frecuencia guiado por estos sin entender qué estás haciendo y por qué—, debes practicar la apertura. Pregúntate lo siguiente: "¿Puedo sentir la experiencia de este impulso en mi cuerpo y elegir estar con él en lugar de actuar? ¿Qué me está diciendo este impulso?". Sintoniza con los impulsos de tu interior con paciencia y curiosidad, y deja ir cualquier resultado que estés esperando o temiendo. Observa lo que surge.

Ejercicio conjunto: Cuestionario sobre el trío de vulnerabilidades

Como nuestra pareja está en la parte receptora de nuestras defensas —como la rumiación—, ella puede ser mejor a la hora de intuir nuestras vulnerabilidades que nosotros mismos. Por eso, la idea es que respondan las siguientes preguntas el uno del otro, y no de uno mismo.

Puedes, sin embargo, responder este cuestionario tú solo. Contesta a las preguntas sobre ti mismo en lugar de tu pareja de la forma más objetiva posible, como si lo hiciera alguien que te conoce bien.

En un diario, escribe los números del 1 al 9, un número por cada línea. Registra de manera puntual tus respuestas a cada pregunta del cuestionario en la línea correspondiente.

Si vas a hacer este cuestionario en pareja, revisen las respuestas del otro teniendo en cuenta las responsabilidades del hablante y el oyente. No traten de analizarse mutuamente ni de probar nada con base en sus respuestas. El propósito de este cuestionario es ser más conscientes de sus vulnerabilidades. Si quieres descargar una versión en PDF, consulta <http://www.newharbinger.com/50034>.

1. Creo que mi pareja sintoniza más con las experiencias sensoriales relacionadas con:
   a. la vista
   b. los olores
   c. los sabores
   d. el tacto/las sensaciones físicas
   e. los sonidos
2. Un ejemplo de un momento en el que mi pareja pareció sintonizar con lo que señalé en la última pregunta es: ____________________.
3. (Verdadero/Falso) Me he dado cuenta de que mi pareja tiende a esperar hasta el último minuto para comer, dormir, usar el baño u ocuparse de una herida.
4. Calificaría el nivel de comodidad de mi pareja al experimentar toda la gama de sus emociones como:

a. comodidad absoluta
b. generalmente cómoda
c. cierta incomodidad
d. incomodidad
e. mucha incomodidad

5. (Verdadero/Falso) En las circunstancias adecuadas, mi pareja puede hablar directamente y con tranquilidad sobre ello cuando está enojada, triste, vulnerable, asustada, sola o celosa.
6. (Verdadero/Falso) Hay determinadas emociones o sentimientos con los que mi pareja se siente más cómoda (por ejemplo, la ira o la alegría) y otras con las que está menos cómoda (por ejemplo, el miedo o la tristeza).
7. (Verdadero/Falso) Mi pareja puede ser espontánea y también cauta cuando corresponde, dependiendo de la situación.
8. Mi pareja es mejor para (elige una):
   a. tranquilizarse sola
   b. elegir el momento adecuado para decir cosas complicadas
   c. recibir comentarios sin reaccionar
9. A veces, a mi pareja se le dificulta:
   a. tomar decisiones
   b. asumir los riesgos necesarios
   c. establecer límites adecuados inmediatamente

Las preguntas 1 a 3 hacen referencia a la vida sensorial. Las preguntas 4 a 6, a la vida emocional. Las preguntas 7 a 9, a los impulsos.

Tanto si hiciste este cuestionario solo o con tu pareja, úsalo para ayudarte a reconocer en qué parte del "trío de vulnerabilidades" puedes estar fallando en las relaciones. Si tiendes a bloquear las sensaciones, vuelve a leer el apartado de "Abrirse a las sensaciones" de este capítulo y practica el sintonizar con tus sensaciones cada día. Si tiendes a bloquear tus propias emociones, vuelve a leer "Abrirse a las emociones" y fíjate en las corrientes emocionales que corren bajo la superficie de tus interacciones. Si tiendes a suprimir los impulsos, vuelve a leer el apartado de "Abrirse a los impulsos" y sintoniza con ellos en lugar de ignorarlos o actuar siguiéndolos.

EXPLORACIÓN Y ANTICIPACIÓN

Tu pareja camina a tu lado y tú te preguntas: "¿Me tomará de la mano? ¿Estará pensando en otra cosa o en otra persona? ¿Le importa? ¿Debería introducir el tema de lo que siento sobre vivir juntos ahora, o se apartará de mí y se cerrará en banda si lo hago?".

O quizá tu pareja dijo que llegaría a casa en veinte minutos, pero ya ha pasado media hora: "¿Se olvidó de nuestro acuerdo? ¿Habrá tenido un accidente? ¿Por qué tarda tanto? Espero que no esté atrapado en un embotellamiento. Al menos podría enviarme un mensaje. ¿Por qué no puede ser más considerado?".

O tal vez oigas una fuerte exclamación seguida de una retahíla de groserías en la habitación contigua: "Ay, no. ¿Se golpeó con un mueble? ¿Qué pasó y cómo afectará eso a su estado de ánimo? Es duro vivir así, sin saber nunca cuándo se enfadará o se disgustará. Siempre ando con pies de plomo. Me gustaría que fuera más feliz y más atento. Ojalá controlara mejor su frustración".

Tu sistema nervioso explora constantemente su entorno. Su trabajo es averiguar si puedes relajarte. Es como si tuvieras unas antenas invisibles que se extendieran hacia el campo de tu relación, captando distintas frecuencias y energías. Te des cuenta o no, estás explorando constantemente tu entorno en busca de peligros a los que sobreviviste y evaluando si dichos peligros pasados están resurgiendo en el presente. "Nos encontramos en un estado constante de evaluación del entorno, asignando un significado a todas las experiencias perceptivas, lidiando con lo desconocido, reduciendo la incertidumbre y manteniendo el equilibrio entre el aprendizaje de la información nueva y la adhesión a lo aprendido previamente", escribe Tim Hicks (2018, p. 1) en *Embodied Conflict: The Neural Basis of Conflict and Communication* ("Conflicto encarnado: Las raíces neurálgicas de la comunicación y el conflicto"). Es como si tu sistema nervioso se estuviera preguntando con frecuencia: "¿El momento siguiente será seguro o peligroso?". Esta capacidad de examinar tu entorno y anticipar los acontecimientos antes de que ocurran ha sido seleccionada evolutivamente.

Parte de cultivar una mentalidad abierta implica relajar tu tendencia innata a anticiparte cuando en realidad estás a salvo, pero la rumiación sigue alimentando tu ansiedad. Cuanto más consciente te vuelvas de las formas en las que sueles examinar, anticipar y esperar el peligro cuando es seguro relajarse, más podrás estar con lo que sucede. Llegar a conocer tus vulnerabilidades como experiencias vividas en lugar de pensamientos temidos está en el centro de lo que significa abrirse.

USAR ANCLAJES PARA RELAJARSE

Sientes una punzada de dolor en la parte baja de la espalda. Estás arrastrando una pesada maleta por el aeropuerto. En lugar de perderte en pensamientos obsesivos sobre si es culpa de tu pareja por haber empacado de más, puedes tolerar esa sensación durante algunos minutos. Luego puedes emprender alguna acción que te ayudará a resolver el problema. Como pedir ayuda a tu pareja, encontrar a un empleado del aeropuerto que pueda auxiliarte o buscar un carrito. La punzada de dolor puede permanecer como una breve sensación en lugar de convertirse en todo un ciclo de rumiación de culpa o autocompasión. Si sientes ira o el impulso de darle una patada a la maleta o de gritarle a tu pareja, es posible que percibas estas experiencias autocompasivas. ¿Se activó una conexión amenazante? ¿Tienes un miedo relacionado con el apego en esta situación que merecería la pena explorar? Puedes usar lo que aprendiste sobre tu persona para en el futuro informarle a pareja en lo tocante a hacer el equipaje para los viajes.

Los anclajes de la conciencia te apoyan en esta práctica de dejar de explorar y anticiparte para que puedas abrirte y estar con tus experiencias internas. Se utilizan en muchas tradiciones espirituales, como el budismo zen o la meditación Vipassana. Sirven para diversos fines, desde reducir la charla mental hasta alcanzar la iluminación. Las utilizaremos para relajar el cuerpo y calmar la mente para que puedas abrirte.

La respiración, las sensaciones, los sonidos y la conciencia en sí misma son cuatro anclajes de la conciencia que se usan habitualmente. Conforme vayas experimentando con la meditación guiada que acompaña cada anclaje en los siguientes apartados, fíjate si hay alguno que encuadre más contigo que los demás. Algunas personas utilizan distintos anclajes para distintas situaciones, pero otras prefieren recurrir siempre al mismo.

El uso de los anclajes de la conciencia puede cambiar tu enfoque de pensamientos pasivos en la mente a experiencias sensoriales en el cuerpo. Esto puede poner en primer plano las sensaciones, las emociones y los impulsos. Los anclajes de la conciencia te sitúan directamente en el aquí y el ahora, en lugar de en un recuerdo molesto de algo que no puedes cambiar o en pensamientos sobre un temido futuro que no puedes anticipar ni controlar. Cuando estás presente y conectado a tu cuerpo, tienes más probabilidades de diferenciar el trío de vulnerabilidades, porque los pensamientos obsesivos no te estarán distrayendo.

Emplea cualquiera de los anclajes de la conciencia de los que hablo a continuación para practicar el abrirte. Sigue la secuencia de pasos sugeridos para cada anclaje, o consulta ‹http://www.newharbinger.com/50034› y escucha las cápsulas de audio. Usa estos anclajes cuando algún detonante determinado te provoque, cuando estés rumiando o cuando te sientas desconectado de ti mismo. Cuanto mayor sea la frecuencia con la que practiques el anclaje, más podrás estar con lo que sucede en el aquí y el ahora. Comenzarás a cultivar la capacidad de abrirte como respuesta a detonantes específicos.

Inclinarse hacia una mentalidad de crecimiento, pasar de pensar en la gente y los acontecimientos a estar con la forma en la que los experimentas y usar los anclajes de la conciencia para relajarte y abrirte en el aquí y el ahora son prácticas que pueden ayudarte a fomentar una mentalidad receptiva.

Anclaje en la respiración

Para anclarte en la respiración toma conciencia del flujo natural de tu propia respiración. Aunque es importante respirar por la boca cuando lo necesites, las investigaciones han demostrado que respirar por la nariz es mejor para la salud en general (Nestor, 2020).

La respiración suele tener un ritmo constante, aunque este también pueda variar. Con cada respiración hay sensaciones que puedes registrar mientras prestas atención al proceso de inhalar y exhalar, algo que ya practicaste en el ejercicio "Céntrate en una respiración". El aire fluye contra el labio superior; refresca las fosas nasales cuando inhalas y las calienta cuando exhalas. Las sensaciones físicas, las emociones, los impulsos y los pensamientos pueden surgir en conexión con el ciclo de inhalación y exhalación.

Existen muchas técnicas, estilos y métodos de respiración con los que puedes experimentar si sientes que el anclarte en ella te asienta y te abre. La técnica de enfocarse en la respiración une cada respiración con una palabra como "tranquilidad", "paz" o "relajación". La técnica de la respiración equitativa equilibra la inhalación y la exhalación al mantenerlas con la misma duración, aproximadamente de tres segundos. La respiración holotrópica guía a quienes la practican a través de un ciclo de respiración por la boca en dos partes, para relajarse y conectar con mayor profundidad con ellos mismos (Grof y Grof, 2010).

Ejercicio individual: Anclaje en la respiración

Sigue esta secuencia de pasos para anclarte en la respiración. Puedes encontrar una cápsula de audio acerca del anclaje en la respiración en <http://www.newharbinger.com/50034>.

1. Busca un lugar donde no tengas responsabilidades ni distracciones y en el que puedas sentarte en una posición cómoda, aunque permaneciendo alerta. Siéntate con el cuerpo erguido y las manos descansando ligeramente en las rodillas o en tu regazo.
2. Toma conciencia de tu respiración, sin cambiar nada en ella. Simplemente deja que fluya naturalmente y sin esfuerzo. Nota cómo el aire se desplaza entre tus fosas nasales y el labio superior, y mantén la concentración en una sutil experiencia cada vez. Presta atención en cómo se expanden y se contraen las costillas con cada inhalación y exhalación.
3. Cuando aparezcan los pensamientos o comience un ciclo de rumiación, deja ir suavemente estos pensamientos sin quedarte atrapado en ellos, entonces regresa al paso 2 y redirige tu atención a la respiración. Sigue sintonizándote con las sutiles sensaciones en tus fosas nasales y el labio superior. Atiende las sensaciones físicas de cómo se expanden y contraen las costillas con cada inhalación y cada exhalación.

Anclaje en sensaciones

Recobrar el sentido común es, literalmente, el camino más directo para conseguir abrirse. En su libro arriba citado, Tim Hicks (2018) escribe: "Nuestra interfaz con el mundo exterior depende única y exclusivamente de la percepción de nuestros cinco sentidos" (p. 2). En nuestra ajetreada vida cotidiana, el nivel de decibelios de nuestras experiencias sensoriales se eleva tanto que normalmente solo somos conscientes de los estímulos más llamativos, ruidosos y brillantes: colores fuertes, movimientos rápidos, los sonidos graves y agudos de nuestro entorno inmediato, los sabores salados, dulces y sabrosos, los olores fuertes que nos sorprenden, nos repugnan o nos seducen, el contacto descaradamente placentero o doloroso. Estos drásticos estímulos son algunos de los que están disponibles para nosotros por medio de nuestros sentidos, pero la gran mayoría de nuestras sensaciones son sutiles y pasan desapercibidas en un segundo plano.

Sentarte en silencio y cerrar los ojos puede ayudarte a abrirte a las sensaciones. Intenta percibir una sensación cada vez. Puede que sientas un cosquilleo en la piel o un picor en la nuca. Puede que notes punzadas o pulsaciones, o que te des cuenta del flujo de energía en los brazos. O puede que percibas una mezcla de todas estas cosas.

Para usar las sensaciones como un anclaje, sintoniza con tu cuerpo. Conecta con la solidez o la suavidad de la silla en la que estás sentado. Siente la frescura o la calidez del aire en contacto con tu piel, el cosquilleo del cabello que te roza ligeramente la mejilla o el cuello. Percibe la presión del cinturón o de las costuras de la ropa, o la tirantez en los hombros o la espalda. Es posible que experimentes un dolor agudo o una sensación de frescor y amplitud en el vientre. Tu cuerpo percibe continuamente todo tipo de sensaciones.

Algunas de estas son fuertes, evidentes y claras. Otras, prácticamente imperceptibles. Presta atención a lo que está surgiendo. No juzgues las sensaciones ni trates de librarte de las incómodas. Resiste la tentación de hacer que las agradables se prolonguen. Ábrete a lo que está ocurriendo en el aquí y el ahora y, conforme lo hagas, experiméntalas con atención y delicadeza.

Ejercicio individual: Anclaje en sensaciones

Sigue esta secuencia de pasos para anclarte en las sensaciones. Puedes encontrar una cápsula de audio acerca del anclaje en las sensaciones en ‹http://www.newharbinger.com/50034›.

1. Busca un lugar donde no tengas responsabilidades ni distracciones y en el que puedas sentarte en una posición cómoda, aunque permaneciendo alerta. Siéntate con el cuerpo erguido y las manos descansando ligeramente en las rodillas o en tu regazo.
2. Toma conciencia de tu cuerpo en el aquí y el ahora, y nota cualquier sensación que esté ahí. Deja que sea exactamente como es, sin cambiarla, hacer que desaparezca ni aferrarte a ella. Quédate con tu experiencia de las sensaciones que percibes de un momento al siguiente. Deja que transiten y transmuten. Cuando surjan nuevas sensaciones, deja que reclamen toda tu atención.
3. Cuando aparezcan los pensamientos o notes que un ciclo de rumiación empieza a girar, deja ir estos pensamientos sin quedarte atrapado en ellos y regresa al paso 2; redirige entonces tu atención a tu cuerpo, en el aquí y el ahora. Sintoniza con cualquier sensación que surja en ese momento y permite que flote en tu conciencia. Nota cómo van y vienen las sensaciones, cómo se intensifican, alcanzan su punto más alto y desaparecen, y cómo surgen nuevas.

Anclaje en los sonidos

Hay distintas formas de utilizar el sonido como anclaje de la conciencia. Puedes escuchar sonidos prediseñados para relajarte, como música instrumental tranquila. Puedes encontrar un lugar en el que surjan sonidos relajantes de forma natural, como cerca de la playa, en un porche o en una lavandería. O puedes anclarte en el ruido ambiental presente en tu entorno, como el zumbido de un refrigerador, la lluvia que golpea en el cristal de una ventana, el traqueteo de un radiador o el rumor de vehículos en la lejanía.

Los sonidos son vibraciones que viajan como ondas por un determinado medio (como el aire). Cuando estas llegan a los tímpanos, el cerebro las traduce en percepciones. Si concentras tu atención en un solo sonido que escuches, eso puede usarse como un anclaje de la conciencia. Puedes advertir sonidos individuales o la sinfonía que se crea con su interacción.

Los sonidos desagradables o indeseables también pueden servir como anclajes de la conciencia. La alarma de un coche viaja por el mismo medio que el canto de los pájaros. Las reacciones emocionales y los significados que asociamos a los sonidos son acontecimientos que ocurren en nuestro interior. No forman parte del sonido en sí. Si es la primera vez que pruebas a anclarte de los sonidos, quizá te resulte más fácil hacerlo con ejemplos neutros o agradables que con sus formas más sórdidas, ásperas o desagradables.

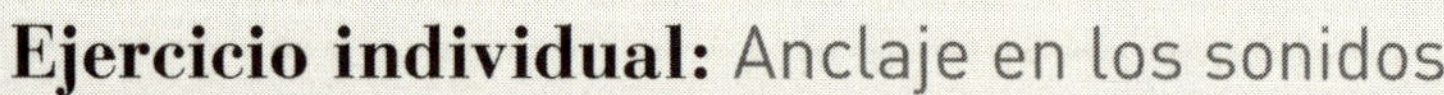

Ejercicio individual: Anclaje en los sonidos

Sigue esta secuencia de pasos para anclarte en los sonidos. Puedes encontrar una cápsula de audio acerca del anclaje en los sonidos en <http://www.newharbinger.com/50034>.

1. Busca un lugar donde no tengas responsabilidades ni distracciones y en el que puedas sentarte en una posición cómoda, aunque permaneciendo alerta. Siéntate con el cuerpo erguido y las manos descansando ligeramente en las rodillas o en tu regazo.
2. Toma conciencia de cualquier sonido en tu entorno. Sigue suavemente lo que oyes, concentrándote en un sonido cada vez. Permanece conectado con lo que estás escuchando desde el momento en el que surge un sonido hasta que dejas de percibirlo.
3. Cuando aparezcan los pensamientos o comience un ciclo de rumiación, deja ir suavemente estos pensamientos sin quedarte atrapado en ellos y regresa al paso 2, entonces redirige tu atención al sonido en tu entorno. Sintoniza con los matices de lo que estás escuchando y con las vibraciones, los ecos y los silencios entre los sonidos cuando estos empiecen y acaben.

Anclaje en la conciencia

Un anclaje más sutil y escurridizo que los anteriores es el de la conciencia en sí misma.

Cuando tenía veinte años, asistí a una conferencia en el Centro de Meditación Insight de Nueva York, en Manhattan, donde me presentaron por primera vez la idea de anclarse en la conciencia. Un profesor de *mindfulness* habló de los retos y beneficios de observar la mente, los pensamientos y, en última instancia, la propia conciencia. Cuando nos invitó a los presentes a tomar conciencia de nuestra propia conciencia, me invadió momentáneamente el vértigo. Siguiendo la guía del profesor me sentí como si estuviera mirando hacia atrás, a la luz que salía de un viejo proyector de cine, en lugar de prestar atención a las imágenes que tenía delante en la pantalla. Fue como si me hubiera vuelto del revés para ver mis propios ojos. Y me pregunto... Cuando uno ve sus propios globos oculares, ¿no significa que tiene cataratas o basurita en los ojos? ¿Se supone que debamos ser conscientes de nuestra propia conciencia?

Desde entonces, me he dado cuenta de que este tipo de anclaje no consiste en volverse del revés o esforzarse por hacer algo antinatural. Se trata de descansar conscientemente en la vibrante amplitud que hay dentro de ti y a tu alrededor. Anclarse en la conciencia es algo que probablemente ya haces sin darte cuenta. Quizá lo hayas sentido en momentos de paz o calma, cuando has conectado con algo más grande que tu propia identidad personal.

O puede que lo hayas experimentado en medio de momentos muy emotivos. A veces, en la mitad de una pelea con una pareja por algo que un momento antes era de suma importancia, tomamos conciencia de nosotros mismos y, de repente, el conflicto nos parece trivial y absurdo. Esta experiencia de ser consciente de uno mismo puede ocurrir en cualquier momento. He oído a personas decir que la han tenido mientras contemplaban la cara de un bebé, cuando caminaban a solas por el bosque, mientras escuchaban el romper de las olas en la playa, o incluso haciendo algo tan ordinario como rebuscar unas monedas en el bolsillo dentro de un aparcamiento a las afueras de un centro comercial. Puede ocurrir en cualquier momento y en cualquier lugar.

Con los ciclos de rumiación temporalmente suspendidos, nada interfiere con una conexión abierta y directa con el presente. No estás pensando en este momento ni en tu experiencia subjetiva de él. La conciencia puede volverse su propio foco. Las estructuras y patrones mentales que refuerzan un sentido de separación entre tú y el mundo se desvanecen temporalmente. Durante uno o dos segundos te reconoces a ti mismo como ilimitado, como el espacio dentro de ti, a tu alrededor y entre tú y el mundo.

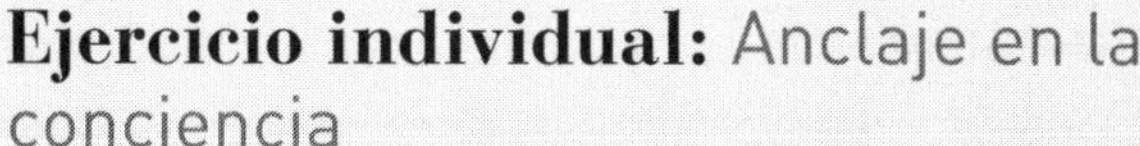

Ejercicio individual: Anclaje en la conciencia

Sigue esta secuencia de pasos para anclarte en la conciencia misma. Puedes encontrar una cápsula de audio acerca del anclaje en la conciencia en <http://www.newharbinger.com/50034>.

1. Busca un lugar donde no tengas responsabilidades ni distracciones y en el que puedas sentarte en una posición cómoda, aunque permaneciendo alerta. Siéntate con el cuerpo erguido y las manos descansando ligeramente en las rodillas o en tu regazo.
2. Toma conciencia de tu propia conciencia. Siente cómo se enhebra en tu cuerpo y se extiende a tu alrededor y más allá de ti. Descansa en esta experiencia mientras dejas ir cualquier esfuerzo mental por hacer algo. Déjate flotar en esta experiencia de conciencia consciente de sí misma.
3. Cuando aparezcan los pensamientos o comience a girar un ciclo de rumiación, deja ir suavemente

estos pensamientos sin quedarte atrapado en ellos y regresa al paso 2, entonces redirige tu atención a la propia conciencia y descansa ahí.

USO DE VARIOS ANCLAJES A LA VEZ

Puede que te encuentres cambiando entre varios anclajes en una misma ocasión. Siempre que utilices los anclajes de conciencia como herramientas para relajarte y abrirte, te distraerás de forma natural con tus propios pensamientos. Entonces volverás a tu anclaje. Los pensamientos no son un problema en sí mismos. Son señales de que eres consciente porque eres capaz de verlos. Reconocer los pensamientos y volver a tu anclaje de conciencia periódicamente es la práctica.

Puedes comenzar a centrarte en la respiración y después, tras varias respiraciones, quedarte atrapado en pensar en algo que olvidaste hacer o un correo electrónico que querías escribir. Cuando te des cuenta de que estás pensando en cualquier tema, regresa a hacer una sola tarea a la vez y vuelve a concentrarte en tu anclaje. Es posible que notes una opresión en el pecho, te concentres en eso y registres la sensación durante todo el tiempo posible antes de cambiar a la siguiente sensación que surja. O quizá vuelves a concentrarte en tu respiración.

Cuando surjan más pensamientos (lo que ocurrirá) y vuelvas a perder el anclaje, redirige la atención a una nueva sensación, a la respiración, a un sonido (como la sirena lejana de una ambulancia o el ladrido estridente de un perro) o a la propia conciencia. Lo que debes tener en cuenta sobre los anclajes de la conciencia no es quedarse con uno de ellos, aunque a algunas personas les resulta útil. Se trata de utilizarlos para reorientarte desde el pensamiento pasivo y reflexivo hacia el presente, el único espacio en el que puedes abrirte.

Ejercicio conjunto: Mi anclaje

Tú y tu pareja pueden abordar este ejercicio juntos en el mismo cuarto o pueden hacerlo cada uno en distintas habitaciones. En cuanto hayan tratado de usar los cuatro anclajes de la conciencia descritos en este capítulo, escriban sus respuestas a cada una de las siguientes preguntas. Túrnense para compartirlas cuando hayan terminado; no olviden las responsabilidades del hablante y del oyente, de las que se hablaron en la introducción, para crear seguridad y apoyar la conexión.

- ¿Cuál de los anclajes se sintió más natural?
- ¿Cuál de los anclajes se sintió menos natural?
- ¿Se interpuso algo en el camino de exploración de los anclajes (impaciencia, ciclos de rumiación, aburrimiento, falta de curiosidad, confusión, duda en uno mismo o apego a un resultado predeterminado)?
- ¿Qué podrías hacer para superar este bloqueo?
- ¿Cuándo podrías beneficiarte de usar uno (o más) de estos anclajes?
- ¿En qué te apoyaría usar este anclaje con mayor frecuencia?

La rumiación en las relaciones es un síntoma de la alergia que hemos desarrollado a nuestra propia vulnerabilidad. Para intimar con nosotros mismos y con nuestra pareja, necesitamos aumentar nuestra capacidad de abrirnos y experimentar lo que bloqueamos por reflejo al pensar obsesivamente. Abrirse en el tercer paso de SLOW significa asumir una postura relajada, curiosa y receptiva, incluso cuando quieres cerrarte. Esto requiere práctica. Los anclajes de la conciencia pueden ayudar a anclarte en el aquí y el ahora, de modo que puedas permanecer presente, relajado y abierto incluso cuando comiences a rumiar. En el cuarto y último paso de SLOW recibirás las experiencias y vulnerabilidades que antes rechazabas y que ahora aceptarás en el concepto que tienes de ti mismo, de tu vida y de tus relaciones.

Capítulo 7

Acoger la vulnerabilidad y lo desconocido para ser quien eres

De pequeña no tenía televisor. Así que cada que podía visitaba a una de las niñas del barrio después de la escuela para ver mis programas favoritos en su casa. Sus padres eran amables y buenos anfitriones. Aunque mi amiga estuviera fuera, en clases de piano o montando a caballo, cuando yo aparecía, su madre siempre me invitaba a pasar, me preguntaba cómo había estado mi día y me servía un tentempié. A veces, su padre me ayudaba con mi tarea de matemáticas.

Su amabilidad empezaba desde su tapete de bienvenida en el porche, fuera de la puerta de entrada. Cuando subía los últimos peldaños de la larga escalera que daba a su casa, el tapete siempre me recibía con la palabra "Bienvenidos". Cada vez que lo veía, me sentía especial. La palabra era mágica. Sigue siéndolo.

Recibir sinceramente a alguien —o algo— en tu órbita es un acto radical. Amplía los límites de lo que consideras una parte del "yo" con el que te identificas. Nuestra pareja lo hace con nosotros cuando nos acepta como somos. Quizás antes no paraban de hablar de algo que hacemos y que no les gusta, pero hoy se encogen de hombros y dicen: "Tendré que vivir con ello, porque te amo".

El dar la bienvenida a algo es poderoso. Convierte las diferencias irreconciliables en reconciliables.

Acoger también puede ser poderoso si se aplica a tu propia vulnerabilidad. Puede que los tapetes de bienvenida como el del porche de mi vecina no hagan nada por ti, pero esas tiras de fibra sintética siguen representando una postura significativa a medida que vayas terminando tu práctica de SLOW. Al aceptar lo que desterraste o no pudiste incluir en tu definición de "yo", creces. Aceptas más el ser complejo, tierno, poderoso y vulnerable que ya eres. Al cambiar tu postura, te cambias a ti mismo. El hecho de acoger potencia una mentalidad de crecimiento.

El cuarto paso de SLOW es tu tapete de bienvenida psicológico. Es una llamada a la conexión, una afirmación de plenitud. Es un compromiso para recibir todo de ti mismo. No hay nada en ti que tenga que excluirse de la conciencia ni negársele atención. No estás obligado a continuar girando en ciclos de rumiación o pensamientos obsesivos en tu relación como defensa contra lo que está ocurriendo en el momento... y contra tu propia vulnerabilidad.

¿QUÉ HAY DEBAJO DE ESTO?

¿Cómo le haces saber a tu subconsciente que estás listo para asumir una posición de bienvenida?

Una forma es haciendo la pregunta: "¿Qué hay debajo de esto?".

Aunque no existe físicamente un "debajo" ni un "encima" en nuestra mente, esta pregunta comunica lo siguiente: puedo aceptar lo que expulsé de mi propia conciencia. Estoy listo para reconocer y aceptar lo que hay aquí.

Al dar la bienvenida, estás comunicándote con una parte de ti que está más allá de tu mente analítica. Al haber practicado el abrirte estás más relajado y presente. Has aumentado tu nivel de confort con la incertidumbre. Pero esto no significa que lo que surja dentro de ti llegue en forma de una respuesta trillada y fácil de entender. Probablemente sea una respuesta orgánica y sin palabras. Resiste el impulso de lanzarte con tu mente a resolver problemas y pensar la respuesta. No teorices. Acomódate y espera. Practica la paciencia, la curiosidad y el desapego. Resiste la tentación de ir brincando por ahí con tu pierna pensante.

No pasa nada si no entiendes la forma en la que tu cuerpo responde mientras escuchas y esperas. Quizá percibas una brizna de emoción, o tal vez sientes una oleada de energía. Puede que sientas una punzada de incomodidad o un aumento de la tensión física. Sea lo que sea, sigue con ello mientras permaneces conectado a tu cuerpo, abierto y sintonizado. A veces, la atención centrada y constante por sí misma puede amplificar lo que está comunicando tu cuerpo y aportar claridad.

Siempre obtendrás una respuesta de algún modo. La ausencia de una respuesta también es una respuesta. No tiene por qué tener un sentido racional. Puede llegar en el transcurso de un minuto, un día o una semana. Puede llegar poco a poco, a través de percepciones que lucen en apariencia aleatorias.

Surja lo que surja, recíbelo y acógelo.

ACOGER LA VULNERABILIDAD

En *Resiliente: Cómo desarrollar un inquebrantable núcleo de calma, fuerza y felicidad* (*Resilient: How to Grow an Unshakable Core of Calm, Strength, and Happiness*, 2018), Rick y Forrest Hanson hablan de la importancia de activar e instalar estados positivos. Cuando haces esto con frecuencia, el cambio duradero se arraiga en las estructuras neuronales del cerebro. La activación sucede en SLOW cuando la conexión amenazante conecta un detonante y tu experiencia del peligro basada en la amígdala mientras tú sigues presente. No te pierdes entre tus pensamientos obsesivos. Un proceso que ha ocurrido prácticamente fuera de tu conciencia comienza a ocurrir dentro de ella.

La activación es una parte de este poderoso proceso de cambio. Para que un nuevo estado o experiencia positivos se mantengan, también es necesario que esté instalado. Según la definición de los Hanson, la instalación ocurre cuando las experiencias y los estados se fijan en el almacenamiento a largo plazo del cerebro. Aunque la neurociencia de este proceso es compleja y aún sigue bajo investigación para ser desentrañada, nos queda claro que en cuanto están almacenados, las experiencias y los estados positivos que activaste mediante prácticas saludables pueden convertirse en rasgos y recursos duraderos a los que podrás recurrir con mayor fiabilidad.

Ver e identificar tus pensamientos y ciclos de rumiación y practicar SLOW empareja experiencias nuevas y positivas con los detonantes que temes. Lo mismo ocurre con el uso de señales personales y de la pareja como luces de advertencia. Al acceder a los estados deseables, como la relajación, la curiosidad, la paciencia y el desapego, mientras experimentas un sentido de amenaza tradicionalmente condicionado (como cuando se te provoca), la señal de alerta roja de la amígdala puede pasar a alerta amarilla. La amenaza se vuelve menos amenazante. Reduces la ansiedad. Rumias menos.

Regresemos con Kerri, a quien conociste en el capítulo 1 y cuyo descubrimiento de la infidelidad emocional de su pareja Margo se abordó en el capítulo 5. Cuando algo o alguien desencadenan recuerdos de esa *aventura*, Kerri practica para cambiar las señales de alerta roja de la amígdala a alerta amarilla. Se centra en una respiración o usa un anclaje de la conciencia para ayudarla a relajarse y conectar con su experiencia en el aquí y el ahora, incluidas sus vulnerabilidades, emociones, sensaciones, impulsos y miedos relacionados con el apego. Empareja los estados deseables, como la curiosidad y la tranquilidad, con los detonantes que teme, como todo lo que le recuerda a la colega de Margo.

Pasar tiempo con tus propias emociones y tus estados internos —sean cómodos o incómodos— debilita tu rumiación habitual en la relación, pues "convierte las experiencias que ya estás teniendo en cambios duraderos en la estructura y la función neuronales" (Hanson y Hanson, 2018, p. 57). Cuando Michael, en el capítulo 4, practica el ver sus pensamientos negativos, identificar su ciclo de autocompasión y estar con sus propias sensaciones y emociones en momentos en los que Darlene le pide que sea consciente de algo (como que no beba cuando salen), él está "instalando" una nueva experiencia en su cerebro: relajarse en sus vulnerabilidades en lugar de tensarse, resistirse a ellas y bloquearlas con pensamientos como: "Todo el mundo trata siempre de controlar mi vida. Nadie tiene fe en mí. No es justo". Esto le da a él la oportunidad de experimentar lo que evocan en él las palabras de Darlene en la forma de sensaciones, emociones e impulsos y de conectar con sus miedos relacionados con los apegos. Abrirse a lo que está pasando en el momento se vuelve una nueva opción para él.

La instalación se produce cuando "metabolizas psicológicamente" algo nuevo. Como es nuevo, puede resultarte difícil digerirlo o asimilarlo inmediatamente. Cuando instalas experiencias vulnerables, las acoges como si fueran tuyas. Ya no están encerradas en una caja de seguridad en el sótano de tu mente con un código de acceso que no puedes recordar.

Están en un archivo codificado por colores, de fácil acceso, en donde el cerebro almacena a largo plazo, disponibles cuando las necesites.

El momento en el que las experiencias vulnerables pasan de alerta roja a alerta amarilla no es claro ni absoluto. Incluso después de que Michael haya conectado con las vulnerabilidades que evocan en él las palabras de Darlene —como los sentimientos de impotencia y el miedo a perderse a sí mismo, como le ocurría a menudo cuando era niño y crecía con su ansiosa, y a veces intrusiva, madre—, eso no significa que no vaya a rumiar de nuevo la próxima vez que Darlene diga algo que a él le parezca controlador. De igual manera, el hecho de que Kerri haya aprendido a ver sus pensamientos y ciclos de rumiación, y a sentir parte de su ira hacia Margo en lugar de rumiar o deprimirse, no significa que no vaya a dudar del compromiso que Margo siente hacia ella. Lo que sí significa es que tanto Michael como Kerri han ampliado las opciones para cuidarse a sí mismos y a sus relaciones.

Aunque a veces los viejos y los nuevos detonantes siguen llevando a la rumiación, Michael y Kerri están mejor equipados para estar consigo mismos, conocerse y acogerse tal y como son, con sus detonantes, sus luces de advertencia, miedos relacionados con el apego y vulnerabilidades. Cuanto más te conozcas y te acojas a ti mismo (a través de tus sensaciones, impulsos y emociones), más fácil te resultará mostrarte auténtico en tu relación sin depender de la rumiación para sobrellevarla.

Acoger las sensaciones

La mayoría de nosotros tenemos una relación complicada con nuestro cuerpo. Puede que pensemos que estamos a su merced. Nos preguntamos por qué hemos nacido en este cuerpo que nos disgusta. Puede que estemos resentidos con nuestro cuerpo por no darnos lo que queremos. Puede que deseemos ser más fuertes, sanos, fértiles, enérgicos, ágiles, viriles, femeninas o jóvenes.

Es posible que nuestro cuerpo se haya derrumbado o sometido en situaciones en las que nos hubiera gustado que se mantuviera fuerte o se defendiera. Quizá haya traicionado nuestros secretos emocionales, al temblar, sudar o ponerse rojo de vergüenza cuando queríamos mantener una apariencia tranquila. Tal vez haya derramado lágrimas cuando queríamos que mostrara indiferencia. A lo mejor se tropezó de camino al podio o titubeó frente al micrófono contra nuestra voluntad cuando queríamos transmitir confianza.

Para acoger lo que percibes a través de tus cinco sentidos, debes empezar por apreciar tu cuerpo tal y como es. Párate delante de un espejo e imagina que te ves a través de los ojos de un ser que te quiere tal como eres, exactamente en el cuerpo en el que estás. Dile a cada parte de tu cuerpo: "Te doy la bienvenida". Presta atención a las sensaciones en la parte del cuerpo a la que das la bienvenida, o en cualquier otro lugar donde las sientas.

Tu cuerpo no se comunica con palabras de la misma forma que lo haces tú. Habla por medio de hormigueos, dolores, opresión, amplitud, mareos y oleadas de calor, frescor o frío. Libera la tensión por medio de bostezos y suspiros. Se comunica mediante el placer, el dolor, el hambre, las náuseas, el vértigo y la incomodidad. Reconoce cualquier prejuicio que tengas en favor del pensamiento "racional". Al acoger las sensaciones, estás dando prioridad a la particular sintaxis y gramática de los mensajes de tu cuerpo.

Ejercicio individual: Acojo mis sensaciones

Busca un lugar tranquilo y privado, como un baño, donde nadie te moleste. Párate frente a un espejo si es posible. Puedes crear ambiente y poner música tranquila o encender una vela. Cuanto más puedas ver de tu cuerpo, más podrás practicar la bienvenida. No tengas miedo de desnudarte por completo para este ejercicio.

Deja que tus ojos descansen en la parte de tu cuerpo que a la que estás dando la bienvenida (si puede verse) mientras dices cada una de las frases que se citan a continuación. Si no es visible, imagínatela. Presta atención a (o imagina) su color, textura y forma. ¿Cómo te ha apoyado esta parte de tu cuerpo? Toma conciencia de las formas en las que ha estado allí para ti toda tu vida. Lee las siguientes afirmaciones, haciendo una pausa después de cada una para notar cualquier sensación que surja:

Bienvenida, cara.
Bienvenidos, oídos.
Bienvenidos, labios.
Bienvenidos, ojos.
Bienvenida, cabeza.
Bienvenido, cerebro.
Bienvenido, cuello.
Bienvenidos, hombros.
Bienvenidos, brazos.
Bienvenidas, manos.
Bienvenido, pecho / bienvenidos, senos.

Bienvenido, corazón.
Bienvenidos, pulmones.
Bienvenido, estómago.
Bienvenidos, intestinos.
Bienvenida, sangre.
Bienvenida, vulva / bienvenido, clítoris / bienvenido, pene.
Bienvenido, útero / bienvenidos, ovarios / bienvenidos, testículos.
Bienvenido, ano.
Bienvenidos, muslos.
Bienvenidas, rodillas.
Bienvenidas, pantorrillas.
Bienvenidos, huesos.
Bienvenidos, pies.

Acoger los impulsos

Los impulsos pueden guiarte hacia la creación, el cambio, la expresión, la conexión y la supervivencia. Si sientes una punzada de calor al mencionar el nombre de tu tío y un impulso por limpiar el ático, trata de estar con esa necesidad o impulso en lugar de exteriorizarlo o reprimirlo. Estar con un impulso puede ayudarte a saber lo que quieres, aunque no actúes para seguirlo. Si bloqueas los impulsos, inhibes tu propia sabiduría interior, tu poder, tu creatividad y tu potencial de acción.

Conocer tus impulsos puede ayudarte a valorar tus necesidades, deseos y voluntades. Los impulsos pueden guiarte para que recuerdes anhelos enterrados. Pueden empujarte a la supervivencia y la autosuficiencia cuando sea necesario y a ocupar más espacio psíquico, emocional y físico en lugar de dar cabida a otros automáticamente para tu perjuicio. Pueden animarte a compartir tu opinión en una conversación en la que normalmente permaneces callado. Los impulsos pueden animarte a expresarte, a perseguir tus sueños y a establecer límites positivos.

Ser consciente de tus impulsos no hará que los sigas automáticamente, sino todo lo contrario. Cuando eres capaz de ser más consciente de tus propios impulsos, te vuelves menos impulsivo. Los impulsos te sorprenden cuando no les prestas atención ni los acoges. Los impulsos rechazados rara vez se rinden con elegancia y se desvanecen en el aire. Se ulceran y dan lugar a agresiones pasivas y acciones irreflexivas de las que luego te arrepientes. Acoger los impulsos significa estar con ellos y experimentarlos como parte de lo que eres, aunque no creas que actuar siguiéndolos sea lo más adecuado para ti.

Los impulsos aparecen como sensaciones recurrentes que te atraen hacia el movimiento o el desplazamiento. No son el destino final. Son como señales de tráfico que dicen: "Por aquí" y te indican una dirección genérica. De ti depende descubrir la ruta concreta. Puedes practicar el dar la bienvenida a los impulsos al notar uno y entonces expresarlo de la forma más completa posible, siempre que sea seguro hacerlo. Por ejemplo, si estás en la oficina y tienes el impulso de recostarte en la silla, síguelo y observa lo que ocurre. Experimenta lo que se siente. Incluso puedes exagerar este impulso si estás en la intimidad y deslizarte sobre tu espalda por el asiento hasta desplomarte al suelo. Deja que la gravedad tire de ti como si pesaras quinientos kilos.

Si te tiembla el pie, sacude toda la pierna, o incluso el cuerpo. A veces, tras situaciones amenazadoras o aterradoras, nuestro cuerpo necesita descargar energía nerviosa, como hacen las gacelas cuando apenas escapan de los depredadores (Levine, 1997). Fíjate en lo que sientes al temblar. Si tienes el impulso de cruzar los brazos sobre el pecho, hazlo plena y conscientemente. Date un abrazo de oso. O enójate como un niño. Siente plenamente el impulso y lo que hay detrás de él.

Si se te conoce por ser impulsivo, tendrás que adoptar un planteamiento distinto. Si eres una persona a la que le cuesta pensar antes de actuar, alguien que sigue sus impulsos sin detenerse a pensar si lo que está haciendo es lo que realmente quiere hacer, entonces cobra conciencia de tus impulsos y contenlos. Practica simplemente estar con ellos mientras los tienes en mente, pero sin emprender ninguna acción. Conecta con la experiencia de los impulsos que surgen y se mueven por tu cuerpo como energía o en forma de sensaciones.

Para acoger los impulsos es importante practicar el experimentarlos con seguridad, con conciencia y curiosidad. Acógelos como son. Conócelos. Piensa si merece la pena moverte en la dirección de sus señales de indicación, sus "por aquí".

Ejercicio individual: Acojo mis impulsos

En un diario, en la parte superior de una página, escribe los encabezados para cuatro columnas: "Sensación", "Impulso", "Lo acogí así" y "Cómo se sintió". A lo largo del día, fíjate en cualquier sensación recurrente en tu cuerpo y observa si hay algún impulso conectado a ella. Luego, practica el acoger los impulsos y encuentra un movimiento, un gesto o una acción que los exprese con seguridad y más plenamente de lo que harías normalmente. Si se te conoce por ser impulsivo o por actuar sin pensar siguiendo tus impulsos sin pensar si están alineados o no con lo que de verdad quieres, practica el contenerlos, estar con ellos y experimentarlos internamente sin expresarlos.

Por ejemplo, puedes escribir "presión en la cabeza, brazos cansados" en la columna "Sensación"; "hacerme bolita" en "Impulso"; "me hice bolita en el piso de mi oficina como durante un minuto" en "Lo acogí así", y "estúpido, triste, liberador" en "Cómo se sintió". Puedes encontrar un PDF con la plantilla para este ejercicio en <http://www.newharbinger.com/50034>.

Acoger las emociones

Las emociones fluctúan dentro de ti y entre tú y tu pareja (y otras personas). Sin importar lo lógico, razonable, práctico, reflexivo, intelectual o activo que seas, también eres un ser emocional. Aunque te muestres siempre estoico, jamás derrames una lágrima y parezcas tranquilo y neutral en todo momento, las emociones surgen, suben y bajan dentro de ti. Son como mareas. A veces se mueven bajo una superficie inmóvil, como un espejo de agua. Puedes tenerlas de la misma forma que una bahía congelada puede seguir teniendo agua. Notes o no el flujo de corrientes emocionales dentro de ti, estas determinan las decisiones que tomas. Para poder acoger las emociones, primero tienes que aceptar un hecho fundamental: experimentas emociones. Muchas. Y a menudo.

No es de extrañar que la gente que suele evitar sus emociones se encuentre atraída por personas que las expresen mucho. Si para ti el intelecto es superior a las emociones, tus detonantes con tu pareja girarán en torno a su hipersensibilidad, sus arrebatos emocionales, su imprevisibilidad, su posesividad, su irracionalidad, sus comportamientos controladores y su dependencia. Sus detonantes contigo estarán relacionados con tu inhibición emocional, tu autosuficiencia, tu frialdad, tu insensibilidad y tu sobredependencia en la razón y la lógica.

Cuando preguntes: "¿Qué hay debajo de esto?", sintoniza con cualquier emoción de la que seas consciente en el momento. Presta atención a las corrientes emocionales dentro de ti. Desviar tu atención hacia tus emociones es como ajustar el dial de un radio antiguo. No hay un lugar en el cuerpo en el que encontrarás o sentirás emociones todo el tiempo (aunque es normal sentirlas en el torso, el área del cuerpo entre la garganta y el suelo pélvico). Date permiso para sentir. Ten curiosidad. ¿Qué emociones parecen estar cambiando, fluyendo o bloqueadas?

Resiste cualquier tendencia a analizar lo que surja. Permanece conectado a tu cuerpo, sobre todo a tu torso. Espera que una respuesta surja en el idioma de tu cuerpo. Recuerda las seis emociones básicas: felicidad, tristeza, miedo, asco, ira y sorpresa. Fíjate si alguna de ellas está presente.

Ejercicio individual: Acojo mis emociones

Tómate un momento para cerrar los ojos. Usa el ejercicio "Céntrate en una respiración" o uno de los anclajes de la conciencia de los que hablamos en el capítulo anterior (seis) para ayudar a relajarte.

Hazte la siguiente pregunta: "¿Qué hay debajo de estos pensamientos ansiosos, este detonante o esta situación molesta?".

Recuerda las seis emociones básicas: felicidad, tristeza, miedo, asco, ira y sorpresa. Fíjate si alguna está presente. Si ninguna de ellas se corresponde contigo, busca otras emociones o sensaciones. Muchas personas pueden identificarse con el sentimiento de impotencia, inquietud, vulnerabilidad o soledad en situaciones comprometidas. Dependiendo de lo que estés sintiendo, practica decir lo siguiente:

"Acojo esta felicidad."

"Acojo esta tristeza."

"Acojo este miedo."

"Acojo este asco."

"Acojo esta ira."

"Acojo esta sorpresa."

"Acojo esta impotencia."

"Acojo esta vulnerabilidad."

"Acojo esta soledad."

"Acojo esta inquietud."

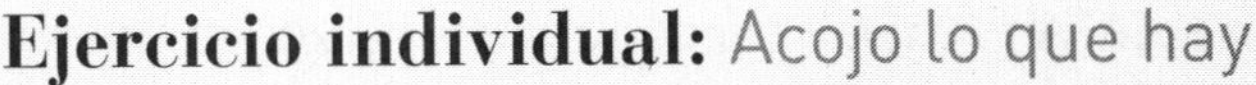

Ejercicio individual: Acojo lo que hay

Cuando te sientas molesto, incómodo o intranquilo, tómate un momento para identificar lo que notas en tu cuerpo. Comienza por elegir algo menor, como cuando tu pareja deja los platos sucios en el fregadero o cuando repite una pregunta un par de minutos después de que la respondiste. En cuanto te sientas cómodo con este proceso, puedes practicar con detonantes más complicados y de mayor intensidad.

Recurre a un anclaje de la conciencia para relajarte e identificar lo que percibes, además de dónde encuentras las sensaciones, los impulsos o las experiencias emocionales (por ejemplo: "Siento tensión en los hombros", "Siento tristeza detrás de los ojos", "Siento la mandíbula apretada", "Siento náuseas en el estómago", "Siento una energía nerviosa en los brazos"). Coloca una mano en el lugar donde las sensaciones, emociones o impulsos son más fuertes (por ejemplo, en el pecho, el abdomen o la mandíbula). Visualiza lo que estás sintiendo o notando como algo que podrías sostener con ternura y afecto: un niño, una criaturita del bosque o una bola de energía de colores.

Transmite tu aprobación y tu aceptación ante esta experiencia vulnerable gracias a la mano apoyada en tu cuerpo. Puedes decir, por ejemplo: "Está bien. Estoy aquí. Acojo esta sensación, este impulso o esta emoción". Nota cualquier cambio o giro sutiles que sucedan en tu cuerpo cuando des la bienvenida.

Ejercicio conjunto: Revisión de las bienvenidas

En un diario, escriban sus respuestas a las siguientes preguntas. Consulten las responsabilidades del hablante y del oyente que se expusieron en la introducción de la presente obra para que así puedan recordar cómo crear seguridad y apoyar la conexión cuando compartan sus respuestas.

- ¿Cuál imaginas que será tu mayor reto con el ejercicio de dar la bienvenida?
- ¿Qué herramienta o estrategia de los capítulos anteriores podría ayudarte a superar este desafío?
- ¿Cómo crees que el hecho de dar la bienvenida puede fortalecerte?

Acoger a alguien —o algo— en tu órbita es un acto radical. Amplía los límites de lo que consideras una parte del "yo" con el que te identificas. Una vez que ya has visto, identificado y te has abierto, la pregunta "¿qué hay debajo de esto?" extiende una invitación a tu subconsciente, y le avisa de que estás disponible, curioso y atento. Acoger tus vulnerabilidades significa asumir una posición receptiva y sintonizarte con las sensaciones, las emociones y los impulsos. Pero recuerda: tu subconsciente no se comunica con palabras de la misma forma que lo hace tu mente consciente. Se comunica con hilitos de emoción, hormigueos, dolores, sensaciones, olas de calor o frialdad, tensión y amplitud. Ahora que ya aprendiste los cuatro pasos de SLOW, puedes comenzar a practicarlo en las trincheras de tu relación. En el siguiente capítulo, revisaremos algunos consejos que pueden ayudar.

Capítulo 8

Consejos para poner en práctica el proceso SLOW

♥ ♥ ♥

Dos personas pueden usar SLOW para el mismo ciclo de rumiación, el mismo detonante y dentro de la misma relación, y cada una de sus trayectorias sería única. El proceso de cada persona no solo se desarrollará de forma diferente, sino que, además, lo hará de manera distinta cada vez para la misma persona. Esto se debe a que SLOW es una visión global de un paisaje interior silvestre y próspero, mucho más que un conjunto de indicaciones de Google para navegar por algo predecible y fijo. SLOW no te mostrará una ruta lineal. Sin embargo, te proporcionará señales para mantenerte por el buen camino mientras nutres y fomentas en ti las cualidades que apoyan una mentalidad de crecimiento. También te ayudará a practicar el estar con lo que está pasando cuando veas girar los molinillos de la rumiación.

Estas son cuatro formas básicas para usar SLOW:

1. Después del hecho.
2. Durante el acto.
3. En soledad.
4. Con una pareja.

Cómo y cuándo uses SLOW dependerá del tiempo con el que cuentes, dónde te encuentres, tu nivel de motivación y tu facilidad para guiar y ser guiado.

SLOW DESPUÉS DEL HECHO

Steven y Masie están sentados junto a una alberca en Miami. Masie comenta la puesta de sol. Dice que podrían volver a este mismo complejo turístico el año siguiente. Steven se inquieta de inmediato. Piensa que ella no puede disfrutar del momento. "Ya está planeando las vacaciones del año entrante. Si venimos aquí con mucha frecuencia, nos endeudaremos. Tardaré seis meses en pagar la tarjeta de crédito por los gastos de este viaje."

"¿Estás bien? ¿Dije algo malo?", pregunta ella. Steven alza la vista y suspira. "¿Por qué no disfrutas de estar aquí ahora?", pregunta él. La hostilidad en su voz confirma el temor de Masie: algo va mal.

Ella se queda callada y sus pensamientos obsesivos comienzan a girar. "Qué susceptible es. Pensé que vacacionar nos ayudaría, pero aquí estamos, desconectados otra vez. Debería haberme quedado callada. Siempre exagera."

Más tarde, mientras Masie está durmiendo la siesta, Steven se sienta en el balcón de la habitación de su hotel y reflexiona. Usando SLOW después del hecho, se da cuenta de que estaba rumiando en la alberca e identifica el detonante: el comentario de Masie sobre regresar el año próximo. Steven se ancla en la sensación, y siente los pies descalzos tocando el cálido piso de la terraza. Conforme se va relajando, comienza a abrirse y se pregunta: "¿Qué hay debajo de esto?".

Comienza a sentir presión en sus ojos. Siente el pecho comprimido. Se siente triste. Su madre y su padre discutían mucho por dinero cuando él era niño. Les preocupaba el futuro. Steven siente una conexión entre estos recuerdos de sus padres y su frustración con Masie siempre que habla del futuro, sobre todo si lo que dice implica gastar dinero.

"Acojo esta tristeza", se dice Steven a sí mismo, mientras la marea va bajando en la playa. Se aclaró un poco sobre lo que desencadenó su ciclo de rumiación con Masie en la alberca, y siente que su frustración ha disminuido. Se le ocurre que su comentario fue probablemente su forma de decirle lo mucho que está disfrutando salir de vacaciones con él.

Puede ser más fácil ver tus pensamientos obsesivos con calma y de forma objetiva en retrospectiva, cuando no estás atrapado en la situación que los desencadenó. Recurrir a SLOW después del hecho puede intensificar tu conciencia de los detonantes, las vulnerabilidades y los miedos relacionados con el apego, con lo que aumenta la probabilidad de identificarlos en el futuro cuando vuelvan a surgir, en lugar de reaccionar a la defensiva ante ellos.

SLOW DURANTE EL ACTO

Cuando utilizas SLOW durante el acto captas tu rumiación en el momento y te desplazas por los cuatro pasos en un flujo continuo para cambiar tu reacción automática ante la amenaza y reorientarte hacia la realidad sobre la marcha. Esto puede ayudarte a evitar dar una respuesta basada en el miedo.

Volvamos al ejemplo anterior con Steven y Masie. Están sentados junto a la alberca del complejo turístico de Miami y Masie acaba de comentar la puesta de sol, y ha dicho lo mucho que le gustaría volver a aquel sito de veraneo el año siguiente. Esta vez, al utilizar SLOW durante el acto, Steven reconoce que el aumento de ansiedad que siente tras el comentario de Masie es una de sus luces de advertencia.

Recuerda SLOW y se toma un momento para evaluar sus pensamientos como tales. Los identifica y anota mentalmente aquellos de los que es consciente: "No sabe disfrutar del momento. Ya está planeando las vacaciones del año entrante. Nos endeudaremos". Capta el tono de castigo y ansiedad de estos pensamientos y los considera el comienzo de un ciclo híbrido de culpa y preocupación. Su conexión amenazante se ha activado. Se recuerda que estos pensamientos son simplemente pseudo-hechos en forma de suposiciones y predicciones. Ha superado los dos primeros pasos de SLOW durante el acto. "¿Estás bien? ¿Dije algo malo?", pregunta Masie. Él toma su mano y la estrecha. "Estaba pensando en lo que dijiste", responde.

En esta situación, Steven podría pasar suavemente al paso tres de SLOW con la pregunta: "¿Qué hay debajo de esta reacción ansiosa?", aunque lo haga en su mente mientras contempla el atardecer con Masie tumbada a su lado. Si puede abrirse y conectar con sus vulnerabilidades o su miedo relacionado con el apego, incluso podría compartirlas con Masie. O podría elegir disfrutar de la puesta de sol sin pasar a este paso. Como el mensaje de alerta roja de la amígdala ha cambiado a alerta amarilla al ver e identificar sus pensamientos, la experiencia de "amenaza" ha disminuido. Captar sus ciclos de preocupación y culpa antes de que se llevaran lo mejor de él ayudó a Steven a interrumpir un ciclo de rumiación y a permanecer presente.

Controlar tus pensamientos obsesivos en el momento en que se producen cambia las reglas del juego. Incluso una pequeña y rápida percepción —como ver que una secuencia de pensamientos obsesivos son pensamientos o que estos son los componentes básicos de un ciclo concreto— puede ayudarte a cambiar las frases que normalmente recitarías en un guion sin salida. Ver e identificar los ciclos de culpa, control, preocupación, duda y autocompasión hace que sea más fácil desligarse de una interpretación de la realidad basada en el miedo para cambiar todo el tenor de una interacción.

SLOW EN SOLEDAD

Guiarte a través de ver, identificar, abrirse y acoger es la base de una práctica SLOW. Estos pasos, representados por la primera letra de cada palabra en inglés (*seeing*, *labeling*, *opening* y *welcoming*), actúan como barandales, y te hacen más fácil rastrear dónde te encuentras en el proceso y el avance, a tu manera y a tu ritmo. Si te despistas, la representación gráfica de la palabra te recuerda dónde estás, dónde lo dejaste y por dónde puedes seguir.

Cuanto más practiques guiándote a través de SLOW, más familiar y orgánico te resultará el proceso. Permítete experimentar. Prestar atención a lo que te funciona. Es probable que algunos de los pasos se sobrepongan, se mezclen o sucedan a veces fuera de secuencia. Los pasos pueden desarrollarse y entrelazarse siempre que practiques estar con lo que surja y acogerlo.

SLOW EN PAREJA

Utilizar SLOW en pareja puede ayudarlos a reducir la rumiación en el campo de su relación de forma colaborativa, ya que también practican el apoyo mutuo al proceso en el papel de guía. Antes de intentar utilizar SLOW con tu pareja, sigue los pasos en soledad hasta que te sientas cómodo con ellos. Familiarízate con el proceso. Cuanta más experiencia de primera mano tengas viendo, identificando, abriéndote y acogiendo, más fácil te resultará guiar a tu pareja.

Al igual que has ido compartiendo los papeles de hablante y oyente a lo largo de este libro, puedes compartir los papeles con tu pareja cuando se guíen mutuamente a través de SLOW. La parte de la pareja que guía se mantendrá conectada a la tierra y presente mientras ofrece indicaciones, de forma similar a cuando representa el papel de oyente. La parte receptora de la pareja se tomará el tiempo que necesite con cada indicación, y permanecerá conectada consigo misma recibiendo señales de sus propias sensaciones, emociones e impulsos a medida que se abre a lo que sucede en el momento. Si lo deseas, puedes compartir lo que descubras con tu pareja sobre la marcha, al final de tu proceso. También puedes mantener en privado lo que descubras.

Ejercicio conjunto: SLOW guiado en pareja

Siéntense cómodamente uno frente al otro. Decidan quién va a guiar y quién a recibir. La parte receptora puede compartir su proceso en voz alta con la parte que guía después de cada indicación, o puede guardarse lo que descubra para sí misma para que sea una práctica más autorreflexiva. Acuerden una señal que puedan usar para avisar al guía cuando estén listos para recibir la próxima indicación (como mover la cabeza o decir "listo").

Paso	Indicaciones del guía	Instrucciones para la parte receptora
Ver	"Tómate un momento para ver tu ciclo de rumiación."	*Dirige tu atención hacia dentro y ve tus pensamientos. Fíjate si has estado, o estás, rumiando.*

Identificar	"Identifica tus pensamientos o tu ciclo de rumiación."	*Tómate un momento para poner en palabras algunos de tus pensamientos actuales. ¿Puedes percibir un trasfondo emocional? ¿Qué ciclo o ciclos podrían reflejar?*
Abrirse	"Percibe lo que está debajo de estos pensamientos o este ciclo. Concéntrate en tu respiración, tus sensaciones, sonidos o conciencia mientras te relajas y te abres."	*Permanece con lo que surja en forma de sensaciones, impulsos o emociones. Tómate tu tiempo. Permanece conectado a tu cuerpo.*
Acoger	"¿Puedes acoger todo lo que surja?"	*Permítete experimentar y acoger lo que surja con paciencia, curiosidad y desapego.*

Ejercicio conjunto: Reflexiones sobre el SLOW guiado en pareja

En un diario, escriban sus respuestas a las preguntas que aparecen a continuación. Cuando terminen, compartan sus respuestas, teniendo en cuenta las ya mencionadas responsabilidades del hablante y el oyente descritas en la introducción.

- ¿Qué pasos se dieron de forma natural?

- ¿Qué pasos se te dificultaron?
- ¿Cómo te sentiste siendo guiado por este proceso?

Las cuatro formas en las que puedes usar SLOW son: después del hecho, durante el acto, en soledad y en pareja.

Cuanto más te guíes por SLOW, más fácil será fluir con el proceso. Recurrir a SLOW de manera conjunta puede ayudar a las parejas a reducir la rumiación en el campo de su relación de forma colaborativa mientras se apoyan entre sí en el papel de guía. Por último, echemos un vistazo a algunos estilos de pensamiento positivos y algunas habilidades útiles que pueden contribuir en gran medida a alimentar el amor mientras conviertes SLOW en una práctica cotidiana.

Capítulo 9

Mimar tu relación

En la medicina hay distintas formas de abordar los síntomas, el dolor y la enfermedad. Con los cuidados preventivos, se adopta una perspectiva a largo plazo y se fomenta la fortaleza, la flexibilidad, la salud y la resiliencia en el futuro cuidándose en el presente. Al asegurarte de que el cuerpo, el corazón y la mente reciben la nutrición adecuada, puedes prevenir que arraiguen muchas enfermedades. Los cuidados paliativos se centran en reducir la gravedad de los síntomas una vez que ya aparecieron. Este tipo de cuidado ayuda a los pacientes a manejar o aceptar los síntomas presentes manteniendo una alta calidad de vida frente a problemas médicos crónicos o complicados. Los cuidados curativos tratan y curan la enfermedad o el problema.

Para evitar resfriarte, debes dormir bien, comer alimentos nutritivos, hacer ejercicio, reducir tu nivel de estrés y usar cubrebocas en los lugares concurridos. Si te resfrías, cambias tu planteamiento y pasas a cuidados paliativos. Debes aumentar tus defensas descansando, evitando las situaciones estresantes, tomando vitamina C y bebiendo muchos líquidos para acelerar la recuperación de tu cuerpo. En muchas enfermedades, los cuidados paliativos acaban en cuidados curativos. Cuanto más puedas apoyar los procesos naturales de reparación de tu cuerpo, más rápido te curarás por tu cuenta.

En las relaciones, estos tres tipos de cuidados están entrelazados. Los cuidados preventivos reducen la necesidad de cuidados paliativos y curativos, y los cuidados paliativos pueden volverse curativos con el tiempo.

CUIDADOS PREVENTIVOS: PENSAMIENTO POSITIVO

Discutes con tu cónyuge. No lo defendiste en una fiesta cuando un amigo bromeó sobre su panza. De hecho, te reíste con todos los demás.

"No debería tomárselo todo tan en serio", piensas, cuando tu cónyuge te comenta que tu reacción le dolió. "No es mi culpa que sea susceptible. Es demasiado sensible. No debería preocuparse tanto por su aspecto físico. Si no quiere que se burlen de él, debería hacer ejercicio. Creo que voy a compartirle un artículo sobre la importancia de tener sentido del humor con nuestros defectos."

En este ejemplo, puede que te convenzas de que estás aplicando las habilidades de pensamiento positivo sobre la autorreflexión y la resolución de problemas. Has pensado en lo que pasó y se te ocurrió una solución. Sin embargo, si percibes el tono y la función de estos pensamientos, te darás cuenta de que tus reflexiones y soluciones tienen una calidad juiciosa y defensiva. Para ti, el problema está en la sensibilidad de tu cónyuge en lugar de en lo que dicha sensibilidad evoca en ti. Si practicas SLOW, podrás ver tus ciclos de culpa y de control, etiquetarlos y abrirte a tus sentimientos de inseguridad y vergüenza sobre lo que hiciste. Puedes llegar a conectarte con tus recuerdos de cuando eras el foco de las burlas de la gente, o con tus experiencias vulnerables relacionadas con la pertenencia. Incluso puedes llegar a acoger estas experiencias bloqueadas y sentir más compasión hacia tu cónyuge.

Cuando el pensamiento de las parejas refleja con precisión lo que está ocurriendo en el mundo exterior, ellas pueden afrontarlo mejor como un equipo. El cambio no da tanto miedo cuando tú y tu pareja pueden depender el uno del otro para ser sinceros y amables. Los ciclos de culpa, preocupación, duda, control y autocompasión confunden y complican el cambio porque añaden nuevos problemas encima del daño original. Filtran toxinas en el campo de la relación, como dijimos en el capítulo 2. El pensamiento positivo ayuda a las parejas a resolver problemas ocupándose de los conflictos, no evitándolos. Cuando te conoces, puedes ser claro con tu pareja sobre tus límites y tus necesidades. La claridad reduce la confusión.

Si la mente fabricara su propia comida basura, esta sería el pensamiento obsesivo. Pensar en exceso satisface un antojo a corto plazo y perjudica la salud a la larga. Al dejar de pensar en ello, practicas el cuidado preventivo en tu relación. Compruebas los ingredientes del envase para ver si contienen jarabe de maíz con alto contenido en fructosa o nitrato de sodio. La autorreflexión adaptativa, la metacognición, la inteligencia emocional, la resolución de problemas y la reevaluación positiva son cinco alternativas poderosas y saludables a la rumiación. Considera estas opciones de pensamiento positivo como los productos orgánicos directos de la granja.

Autorreflexión adaptativa

En *Mujeres que piensan demasiado* (*Women Who Think Too Much*, 2003), la escritora e investigadora Susan Nolen-Hoeksema sugiere que lo opuesto a la rumiación es la autorreflexión adaptativa, que se produce cuando te concentras en aspectos concretos de una situación y no en una situación en abstracto. Si estás molesto con tu pareja porque se queja del clima, por ejemplo, y comienzas a rumiar sobre lo negativa que es y cuánto desearías que supieran apreciar la vida, podrías cambiar la perspectiva usando SLOW y decidir, en su lugar, dedicarte a la autorreflexión adaptativa.

Por ejemplo, si tu pareja dice: "Uy, quería salir a caminar, pero hoy hace frío y llueve". Y tú comienzas a rumiar sobre su comentario con pensamientos como: "Siempre se queja de todo. Me siento fatal porque es muy negativa. ¿Por qué no puede ser agradecida?", puede que veas estos pensamientos y resistas el impulso de convertir su queja en un doloroso ciclo de culpa. Puedes reconocer que tu pareja hizo un comentario sobre el clima. No siempre se queja de todo. Puedes recordarte que hoy sí hace frío y llueve. Puedes recordar que tu pareja es humana y tiene sentimientos negativos y estados de ánimo bajos. Puedes distinguir entre los hechos y los pseudo-hechos.

Además, puedes centrar tu atención en lo que puedes controlar o cambiar de tus circunstancias. En lugar de perder tiempo y energía pensando en la negatividad de tu pareja, puedes centrarte en algo que ambos puedan hacer y que sea divertido, como preparar palomitas, acurrucarse en el sofá y ver una película. Luego, puedes preguntarle si quiere hacer cualquiera de esas cosas contigo o si tiene otra idea que pueda levantarles el ánimo. No tienes el control sobre el clima ni sobre los sentimientos de tu pareja, pero sí puedes influir en la forma en la que respondes ante las condiciones climáticas y tu pareja. La autorreflexión adaptativa se hace eco de la oración de la serenidad de AA, proveniente de los escritos del teólogo estadounidense Reinhold Niebuhr: "Dios, concédeme la serenidad para aceptar las cosas que no puedo cambiar, el valor para cambiar las cosas que puedo y la sabiduría para reconocer la diferencia" (Shapiro, 2014).

Metacognición

Cuando piensas de una forma que te apoye a ti y a tus relaciones, estás usando la habilidad de la metacognición. Las capacidades metacognitivas se ven fortalecidas cuando diriges la atención hacia tu interior en momentos clave para ver los pensamientos y los patrones de pensamientos o para reconocer las fortalezas y limitaciones cognitivas cuando logras determinadas tareas.

Para que permanezcas relajado mientras tu pareja, que acaba de sacar su licencia, conduce tu coche, que adoras, puede que sea necesario que mires por la ventanilla y pienses en algo más que en si se está fijando en las señales de "Alto" o si está usando adecuadamente las luces direccionales. La metacognición te ayuda a saberlo. Si antes de un viaje se desatan en ti ciclos de preocupación sobre pasaportes olvidados, aviones perdidos y otras cosas que van terriblemente mal, las habilidades metacognitivas te permiten ver este patrón y preparar los viajes con antelación para que puedas viajar más tranquilo y feliz. Recurrir a las habilidades metacognitivas es una parte esencial del cuidado preventivo de las relaciones.

Inteligencia emocional

La inteligencia emocional abarca una serie de habilidades de pensamiento positivo. Esto incluye experimentar emociones con conciencia, expresarlas y tener en cuenta tus propias emociones y las de los demás durante las interacciones sociales. Esta habilidad te permite conocerte y conectarte contigo mismo y con los demás de una forma significativa. Aunque puede clasificarse como una habilidad de pensamiento positivo, la inteligencia emocional está entrelazada con muchas otras habilidades que apoyan las relaciones, como la firmeza, la conciencia de uno mismo y las habilidades de autocontrol.

Cuando Lisette se da cuenta de que sus sentimientos de autocrítica e incompetencia han estado alimentando su reacción cuando Manuel la invita a acercarse a él en la cama (una historia que abordamos en el capítulo 1), está practicando la inteligencia emocional. Su conciencia de sus propios pensamientos, sentimientos y de su relación actual con su madre tienden un puente desde sus vulnerabilidades privadas y la forma en la que les da sentido y se los comunica a Manuel.

Cuando eres capaz de estar con los impulsos positivos incrustados en tus emociones y respetarlos, puedes mantenerte fiel a tus necesidades en lugar de a las expectativas que otros tienen de ti. Cultivar la inteligencia emocional te ayuda a saber y confiar en que hay tendencias de acción positivas latentes en tus emociones. Por ejemplo, cuando tienes miedo, puede que tengas el impulso de huir del peligro y buscar protección. Cuando estás enfadado, quizá sientas el ánimo de pelear, afirmarte, defenderte o poner límites. Cuando estás triste, tal vez tienes el impulso de buscar apoyo o de afligirte (Shapiro, 2021). Desarrollar la inteligencia emocional aumenta tu capacidad para experimentar, conocer y contener una serie de emociones. También profundiza tu capacidad para empatizar con tu pareja y comunicarte con ella de forma auténtica.

A medida que refuerces tus habilidades de inteligencia emocional, debes tener en cuenta la diferencia entre expresar una emoción y crear una narrativa emocional. Las narrativas emocionales son pensamientos disfrazados de emociones: "Tengo ganas de romper algo", "Siento que hice todo lo que pude", "Siento que me estás evitando". Son descripciones, valoraciones y cuentos cortos, no emociones.

Cuando estés tratando de cultivar la inteligencia emocional, sorpréndete cuando expreses pensamientos disfrazados de emociones y, a continuación, vuelve a los seis básicos de Ekman. Utiliza palabras que expresen una única emoción para captar o conectar con tus verdaderas emociones, por ejemplo: "Me siento enfadado" en lugar de "Tengo ganas de romper algo"; "Me siento impotente" en lugar de "Siento que he hecho todo lo que he podido"; y "Me siento triste" en lugar de "Siento que no te importo".

Una faceta importante de la inteligencia emocional es decir las palabras que se corresponden exactamente con lo que uno siente. Sintonizar contigo mismo y con tu cuerpo es otra parte esencial de esta habilidad. Las palabras de emociones que utilices para describir tus experiencias internas resonarán si son precisas y verdaderas para ti.

Resolución de problemas

Cuando confías en tu capacidad para resolver problemas, utilizas el pensamiento abstracto para repasar experiencias pasadas que pueden ayudarte a considerar el problema actual que intentas resolver desde distintos ángulos. También recurres a tu imaginación para crear una serie de posibles escenarios futuros. Evalúas la probabilidad de que se produzcan acontecimientos futuros, sopesas las opciones, tienes en cuenta los riesgos y adaptas tu planteamiento.

Imagina a tu pareja conduciendo por un sendero rural bajo la lluvia cuando las ruedas del coche se atascan en el lodo. Discutes con ella y le preguntas por qué no ha tenido más cuidado. En un intento de solucionar el problema, tu pareja acelera el motor y hunde las ruedas aún más.

Para resolver problemas es necesario hacer una pausa. En lugar de criticar a tu pareja sin sentido, o de acelerar el motor en vano, haces un balance. Evalúan juntos el problema: las llantas están atoradas en el lodo. Acelerar al máximo no ayudará. Identifican posibles soluciones como equipo, por ejemplo, colocar los tapetes del coche debajo de las ruedas delanteras o llamar a la asistencia en carretera. Cuando estén listos, se ponen a trabajar juntos para probar sus soluciones.

La mayoría de los problemas en las relaciones no serán tan concretos como este. Uso el ejemplo de las ruedas en el lodo porque es una metáfora muy gráfica. Cuando se trata de la habilidad de pensamiento positivo para resolver problemas, tendrás que levantar el pie del acelerador de los pensamientos obsesivos y redirigir tu energía desde el conflicto improductivo a la identificación conjunta de soluciones. Para ello, compartan las ideas sin juzgarse el uno al otro. Tendrán que ponerse de acuerdo en qué soluciones probar. Después, pueden evaluar lo que hicieron y ver qué soluciones son más eficaces.

Reevaluación positiva

En *Hiperagotadas* (*Burnout*, 2019), Nagoski y Nagoski describen la reevaluación positiva como la decisión de que aquello por lo que estás trabajando merece la pena, aunque aún no alcances tu objetivo. Cuando reevalúas positivamente algo, rechazas cualquier significado negativo que tu mente asigna a tu posición actual relativa a ganar, obtener o lograr tu objetivo.

Distingues el fin de los medios y recuerdas tus verdaderas prioridades. Te vuelves a comprometer y sigues siendo realista.

Si le estás preparando a tu pareja un desayuno especial para llevarle a la cama y celebrar su aniversario, pero quemas las últimas dos piezas de pan, es posible que empieces a darle vueltas a pensamientos como: "Mira lo que he hecho. ¿Qué me pasa? ¡Esto no funciona! Aquí estoy, intentando hacer algo lindo y ya lo arruiné. No sirvo para nada". En este ejemplo, tu primera reacción ante el pan quemado se traduce en ciclos de culpa y autocompasión. Habías imaginado un desayuno perfecto que haría las delicias de tu pareja. Esa visión se ha visto empañada y te culpas a ti mismo.

Pero quizá puedas ver tu ciclo de rumiación, identificarlo y recordar que el objetivo no es un desayuno perfecto. Es solo un medio para alcanzar un fin, no un fin en sí mismo. Puedes volver a centrarte en tu prioridad: celebrar su aniversario y expresar su amor. Ahora puedes seguir preparando el desayuno, por imperfecto que resulte. Al haber sido reevaluada positivamente, el pan quemado no importa. Es una señal de tus buenas intenciones y determinación, no de fracaso.

Ejercicio individual: Pensamiento positivo

En un diario, traza en la parte superior de una página dos columnas, a las que nombrarás: "Detonante" y "Ciclo de rumiación", respectivamente. Identifica un momento o un incidente que te molestó y sentiste amenazante, y escríbelo en la columna "Detonante". Identifica algunos pensamientos junto con el ciclo de rumiación que siguió a este momento o incidente y escríbelo en la columna "Ciclo de rumiación". Si no lo recuerdas, haz una conjetura. ¿Qué pensamientos suelen seguir a este tipo de detonante? ¿Qué ciclo reflejan?

Elabora una lista de las cinco estrategias diferentes de pensamiento positivo que identificamos en este capítulo: autorreflexión adaptativa, metacognición, inteligencia emocional, resolución de problemas y reevaluación positiva. Después de cada estrategia, escribe una respuesta de pensamiento positivo al detonante que identificaste que refleje esta forma particular de pensamiento. Puedes encontrar un PDF con la plantilla para este ejercicio en <http://www.newharbinger.com/50034>.

CUIDADOS PALIATIVOS

Los botiquines de primeros auxilios son una selección de productos esenciales para los cuidados paliativos. La gente los guarda en maleteros, bolsos, mochilas y cajones para poder sacarlos siempre que necesiten gasas estériles, curitas o desinfectante. Cuando se trata de responder con rapidez ante percances y accidentes, es importante tener a mano un botiquín de primeros auxilios. Nunca se sabe cuándo lo necesitarás.

Pero ¿y qué pasa con los botiquines de primeros auxilios para las relaciones? ¿No es igual de importante contar con estrategias y herramientas de cuidados preventivos, paliativos y curativos de eficacia probada en las que poder confiar para los percances, heridas y malentendidos emocionales? Necesitamos botiquines de primeros auxilios que nos ayuden a aliviar nuestros cortes y rasguños emocionales y a evitar que empeoren las heridas de las relaciones. Algunas herramientas básicas pero importantes de cuidados paliativos que puedes utilizar en tu relación cada día para evitar lesiones y curarlas cuando se produzcan son la comunicación consciente, los tiempos fuera para adultos, la postura "sí, y", la adaptabilidad y la amabilidad.

Comunicación consciente

Todos los tipos de terapia de pareja enseñan alguna versión de la comunicación consciente. La terapia cognitivo-conductual de pareja (TCCP) —y previamente la terapia conductual de pareja (TCP)— utilizaba el formato hablante-oyente, junto con la técnica de resolución de problemas, para estructurar la comunicación consciente e intencional (Baucom *et al.*, 2015) entre los miembros de la pareja. Se utiliza en el Programa de prevención y mejora de las relaciones (Markman *et al.*, 2010) y en terapias integradoras, como el de la Paleta terapéutica (Fraenkel, 2009). También forma parte de la terapia de pareja conductual integradora (Christensen *et al.*, 2015), la terapia relacional de vida (Real, 2007), la terapia de pareja del Método Gottman (Gottman y Silver, 2015), el diálogo Imago en la Terapia Imago para las relaciones (Hendrix y Hunt, 1992) y la terapia centrada en las emociones (Johnson, 2008).

Aprender a comunicarte de forma intencionada y consciente con tu pareja requiere una práctica continua. Es una combinación de habilidades intrapersonales (cómo te relacionas contigo mismo) y habilidades interpersonales (cómo te relacionas con los demás). Otra forma de decirlo es: equilibrar el cuidado personal con el cuidado de la relación favorece la comunicación consciente. Cuando practicas la comunicación intencional —tal como has estado haciendo en los roles de hablante y oyente—, te sintonizas con lo que está sucediendo dentro de ti, así como dentro del campo de tu relación. Con el tiempo, podrás confiar en tus habilidades de comunicación consciente para que te apoyen incluso durante interacciones intensas y cargadas de emociones, cuando se haya activado tu conexión amenazante.

Tiempos fuera para adultos

Estás conversando con tu pareja y, de repente, algo que dice te molesta. Te enfrentas a ella: ¿cómo pudo decirte algo así? "Me has malinterpretado", te responde. O quizá te critique: "Hoy estás muy nervioso".

¡Cómo se atreve a sugerir que tú eres el problema! Te pones a la defensiva.

Ambos hablan, pero no se están comunicando. Sus bocas se mueven y las palabras se pronuncian, pero no hay ningún oyente escuchando. Si no existe escucha, el hablante y su diálogo se vuelven irrelevantes. Ambos hablan con vehemencia, el tono de sus voces ha subido. Estás interrumpiendo a tu pareja y ella interrumpe tus interrupciones. La conversación se ha descarrilado. Con todo, sigues pensando que puedes convencer a tu pareja de que debería disculparse, porque está equivocada. Te encuentras en una encrucijada. Tienes que elegir.

¿Qué hacer? Puedes redoblar la apuesta, hablar más deprisa de lo que ya lo haces, interrumpir más y seguir subiendo el tono de tu voz, hasta alcanzar casi a niveles de estridencia que rompen cristales. Si tu pareja toma la misma decisión y sube la apuesta también, entonces acabarán en una discusión sin cuartel. Se lanzarán acusaciones que no tienen nada que ver con el punto de fricción original de la discusión, y eso arruinará sus planes de pasar una velada agradable. Las emociones negativas se derramarán por el campo de la relación, junto con media docena de utensilios de cocina. Puede que ya hayas hecho este tipo de cosas en el pasado. El resultado no es un misterio. No acabará bien. En el mejor de los casos, habrá que hacer mucha limpieza emocional después.

Sin embargo, tienes otra opción: puedes tomarte un tiempo fuera para adultos. La mayoría de la gente piensa que los tiempos fuera son para los niños, no para los adultos. Sin embargo, estos tiempos fuera son para los niños que los adultos llevamos dentro. Cuando pierdes el control de tu capacidad para ser un escucha o un hablante con tu pareja, te conviertes en una combinación peculiar: un niño-adulto. Todos podemos perder el control de nuestra capacidad para ser oyentes y hablantes cuando tenemos berrinches de adultos. Un detonante activa nuestra conexión amenazante, el cortisol inunda nuestro cuerpo y creemos que nos están atacando. Lo que hagamos o digamos en este estado mental no mejorará las cosas. Estamos tratando de librarnos de nuestra incomodidad en lugar de estar con ella.

Cuando una pelea se intensifica, lo mejor que puedes hacer es salirte de la discusión, aunque solo sea durante ese momento. Crea un poco de espacio entre ambos para protegerlos del tipo de reactividad instintiva en la que es más fácil caer cuando están dentro del campo de visión del otro. Concédele al menos diez minutos a tu sistema nervioso para que se calme. Estos son los tres pasos que puedes seguir para conseguir un tiempo fuera para adultos:

1. Comunícale a tu pareja que tomarás un descanso de la discusión; expresa cuánto tiempo va a durar y por qué. Por ejemplo: "Voy arriba durante diez minutos para tranquilizarme y así poder volver a escuchar y hablar contigo sobre este tema tranquilamente".
2. Busca un lugar donde puedas sentarte en privado y usa un anclaje de la conciencia.
3. Recurre a SLOW, ve tus pensamientos, identifica el detonante que te provoca, los miedos relacionados con el apego y tu ciclo de rumiación. Ábrete a lo que está

debajo de todo eso, incluidas tus propias experiencias vulnerables, y acoge lo que descubras.

La postura "sí, y"

Formas parte de una compañía de teatro de improvisación. Uno de tus compañeros actores dice: "Voy en un Tesla nuevecito, que me costó 200 mil dólares, camino a San Francisco, escuchando a Billie Holiday y comiendo Doritos".

Ahora es tu turno de hablar y ofrecer una frase espontánea. Podrías negar su afirmación con un: "No, tu novia acaba de dejarte por mensaje y estás llorando en el asiento trasero de un Uber".

Sin embargo, la base del teatro de improvisación no es la negación. Es la afirmación.

Por ejemplo, podrías decir: "*Sí, y...* yo voy en una patineta supersónica justo a tu lado, dedicándote el signo de la paz".

A medida que la pieza que van creando se desarrolla de formas sorprendentes e impredecibles, ambos actores tienen la oportunidad de estar presentes y comprometidos. Pueden surgir el humor y la espontaneidad. Ninguno de los dos sabe lo que ocurrirá después. Lo que sí saben es que, ofrezcan lo que ofrezcan, será recibido con un "sí, y". Este acuerdo apoya la seguridad, la confianza y el ritmo.

Como parte de los cuidados paliativos de la relación, asume el sí y la actitud de los actores de teatro de improvisación. Intenta siempre dar cabida al punto de vista de tu pareja. Cuando surjan conflictos y no estés de acuerdo con ella, o cuando su punto de vista sea diferente al tuyo, adopta una actitud de "sí, y". Tener diferencias está bien, incluso cuando son difíciles de aceptar. Pero puedes seguir escuchando sin contradecirle. Los sentimientos, puntos de vista y opiniones de tu pareja importan. No digo que tengas que estar de acuerdo con sus sentimientos, puntos de vista y opiniones. Ser receptivo no es lo mismo que estar de acuerdo. Asumir una postura "sí, y" es un precursor de aceptar a tu pareja tal como es. Como los dos ya son quienes son, rechazarse mutuamente es un ejercicio inútil.

Cuando Manuel y Lisette, del capítulo 1, deciden remodelar su cuarto de baño, Manuel está emocionado. Siente que es una oportunidad de demostrar su compromiso con Lisette al invertir en su hogar, dedicando tiempo e investigando para elegir entre los distintos tipos de azulejos, encontrar el aparador adecuado con un lavabo de mármol de Carrara y localizar la lámpara perfecta para el techo. Cuando el baño está terminado, parece luminoso y acogedor. Manuel está orgulloso de lo que ha logrado, y emocionado por el placer que imagina les dará a ambos durante muchos años. "¿Te gusta?", le pregunta él. "Claro", responde Lisette.

Sin embargo, una hora después, tras darse su primer baño, a Lisette no se le ve contenta. "El agua tiene poca presión", se queja. "¿Cómo puedes centrarte en eso?", pregunta Manuel. No puede creer que Lisette esté criticando el baño nuevo. Las mejoras están ahí, es innegable. "Solo estoy siendo sincera. Me preocupa la funcionalidad, no la apariencia", contraataca Lisette. "¡Nada de lo que hago te parece suficiente!", grita Manuel, y sale hecho una furia del cuarto.

Manuel se sienta en el porche un rato, rumiando un ciclo de autocompasión. Entonces, recuerda la herramienta de "sí, y" de su botiquín de primeros auxilios para relaciones. Sí, puede amar cómo han salido las cosas y... Lisette puede concentrarse en la presión del agua. No pasa nada por ser diferentes. Son diferentes. Hay lugar para las prioridades y perspectivas de ambos.

"Siento haber reaccionado así. Sé que quieres tener la misma presión del agua que en el baño anterior, porque te preocupa que las cosas funcionen bien", se disculpa Manuel un par de horas después. Gracias a la postura de "sí, y" de Manuel, a Lisette le resulta más fácil ablandarse. "*Sí, y* no había pensado en que tienes razón en molestarte por mis quejas sobre la presión del agua, sobre todo después de todo lo que te esforzaste para que el baño se viera tan bien", dice ella.

Ejercicio conjunto: Improvisar con "sí, y"

Siéntate frente a tu pareja. Cuando ambos estén listos, quien vaya a comenzar la escena dice una oración corta (de no más de diez o quince palabras) en voz alta celebrando algún aspecto del carácter o la personalidad de su pareja.

Por ejemplo, puede empezar diciendo: "Eres genial con mis amigos".

La pareja responde con un "sí, y" seguido por el tema presentado por la otra persona, o yendo por una nueva dirección al tiempo que afirma la última declaración o, al menos, no negándola. Puede decir algo como: "Sí, y tu amigo Charlie nos pidió que nos reuniéramos para comer en un submarino".

Quien inició la escena sigue con otra afirmación con "sí, y", basándose en lo que se dijo e introduciendo algo nuevo. No pasa nada si lo que dicen no tiene mucho sentido o se oye ridículo.

Este es un ejemplo de cómo podría ir la conversación:

Pareja A (quien inicia la escena): Eres genial con mis amigos.

Pareja B: Sí, y tu amigo Charlie nos pidió que nos reuniéramos para comer en un submarino.

Pareja A: Sí, y los sombreros morados son un signo de inteligencia.
Pareja B: Sí, y yo soy un genio.

Pareja A: Sí, y quizá deberíamos mudarnos a Canadá.
Pareja B: Sí, y los inviernos son difíciles en Canadá.

Ejercicio conjunto: Lo que aprendimos haciendo improvisaciones

En un diario, escribe tus respuestas a las preguntas que aparecen a continuación. Cuando termines, comparte tus respuestas, teniendo en cuenta las responsabilidades del hablante y el oyente que se abordaron en la introducción, para así recordar cómo crear seguridad y apoyar la conexión entre pareja.

- ¿Te resultó fácil o difícil afirmar las declaraciones de tu pareja?
- ¿Te quedaste atrapado en el contenido de lo que decía tu pareja?
- ¿Tuviste el impulso de contradecir a tu pareja, corregirle o comenzaste a preocuparte o pensar obsesivamente en sus declaraciones?

Adaptabilidad

Parte de los cuidados paliativos en una relación consiste en ser adaptable. Debes reconocer cómo contribuyes a los problemas. Debes ser consciente de cómo heriste a tu pareja con tu terquedad, tu impaciencia, lo poco que te cuidas, tu egocentrismo u otras limitaciones, aunque hayas actuado con buenas intenciones. Cuando decepcionas o hieres a tu pareja, permaneces abierto a comprenderla a ella y a su experiencia de lo que ocurrió. Después de una discusión o un desacuerdo, si tu pareja parece triste o se cierra en sí misma, debes preguntar, con curiosidad genuina: "¿Cómo te lastimé?".

También puedes escuchar y aceptar los comentarios de tu pareja, aunque te resulte difícil hacerlo. Según las investigaciones llevadas a cabo por el doctor Gottman, terapeuta de parejas, solo el 31% de los problemas de pareja son realmente "solucionables" (Gottman y Silver, 2015). Esto significa que la mayoría de las parejas viven juntas sin resolver jamás el 69% de sus problemas. Las parejas que son felices tienen tantas diferencias potencialmente generadoras de conflictos como las parejas que son infelices. Lo que distingue a estos dos tipos de parejas es cómo eligen pensar y manejar los problemas irresolubles.

Si sus conflictos giran en torno a gustos o aversiones diferentes, a distintas maneras de ver la puntualidad o la limpieza, o a los niveles de comodidad respecto a la libertad o la estructura, aprendes más sobre las preferencias de tu pareja como forma de aprender más sobre ella. Aunque es importante tener tus propias opiniones y mantenerte fiel a ti mismo, acoger la perspectiva de tu pareja allana el camino a nuevas posibilidades a las que quizá nunca te hubieras abierto antes. Cuando aceptas que tu pareja experimente algo que tú vives de forma totalmente distinta, estás demostrando cariño, aceptación y respeto. Dices cosas como: "Déjame pensarlo" o "Dame un poco de tiempo para considerar tu punto de vista", en lugar de rechazar la respuesta, la idea, el sueño o el deseo de tu pareja. Al final, acoger su punto de vista puede ampliar tus horizontes sobre la comida, el arte, los deportes, las aficiones, la música, los viajes, la gente, la cultura, la política e incluso tu filosofía de vida.

Equilibrar las convicciones personales con la adaptabilidad es una práctica de cuidados paliativos que dura toda la vida. No será fácil ni perfecto, ni estará exento de problemas. Es como hacer malabarismos con dos objetos de formas y pesos distintos. En una relación, la pregunta es: "¿Cómo podemos yo ser yo y tú ser tú sin que ninguno de los dos gane o haga que la otra persona sea mala o esté equivocada?".

Si no puedes o no permites que tu pareja te influya, las luchas de poder interferirán con su conexión y su cercanía. Por otra parte, si eres demasiado flexible, puedes acabar ahogándote y descuidándote, y volviéndote pasivo-agresivo y resentido.

Aunque muchos de nosotros fantaseemos a veces con una pareja que comparta nuestros intereses y preferencias, en realidad no son muchos los que querrían salir o casarse con ella. Por algo el dicho popular es "los polos opuestos se atraen" y no "los clones se atraen". Adoptar los puntos de vista, gustos y preferencias de tu pareja puede reducir el conflicto, pero también reduce la energía dinámica de tu relación. Las relaciones te desafían para que crezcas precisamente porque tú y tu pareja son distintos.

Amabilidad

Como las otras habilidades de cuidados paliativos de las relaciones, la amabilidad tiende a necesitarse más cuando es más difícil de que surja de forma natural. Cuando están enojados el uno con el otro o se juzgan con dureza, es preciso ser amables. Practica SLOW. Ve e identifica tus pensamientos obsesivos y tus ciclos de culpa, preocupación, duda o autocompasión. Ábrete a lo que está pasando dentro de ti en el momento y da la bienvenida a tus vulnerabilidades. Deja que tu pareja sepa que vas a ir a caminar para aclarar tu mente. Observa la llama de una vela, canta, baila, haz ejercicio, mira el cielo, escucha un pódcast, lee, escribe, pinta, lanza un frisbi, cocina, esquía, resuelve un sudoku, date un baño y medita o reza. Amar no es fácil, y ambos cometerán errores. No pasa nada por aprender a amar de forma gradual e imperfecta. Aplica el bálsamo de la amabilidad a tu experiencia de conflicto, dolor o incomodidad en tu relación.

¿Recuerdas a Eddie y a Chandra, del capítulo 1? Un domingo por la tarde, él se estaba poniendo sus tenis mientras Chandra estudiaba para un examen que se aproximaba.

—¿Adónde vas? —preguntó Chandra, con tono acusatorio.

—A correr —contestó Eddie, a la defensiva.

—¿Por qué nunca me pides que vaya contigo? —preguntó Chandra.

Cuando Eddie me contó este incidente en una de nuestras sesiones de terapia, parecía emocionado.

—Me daba cuenta de que ella estaba sufriendo —admitió—. Por primera vez, en lugar de pensar en que nuestra relación estaba condenada, respiré hondo y me mantuve abierto.

—¡Pues vamos! —recuerda Eddie que le dijo—. Ponte los tenis. Me encantaría correr contigo.

—No, vete solo —le respondió Chandra con pesimismo. Te gusta más ir solo.

Chandra admitió que le había resultado difícil admitir el ofrecimiento de Eddie.

—Ya me había metido en un ciclo de culpa —dijo Chandra, encogiéndose de hombros—. Culpándome a mí misma. Ya estaba pensando: "Dios, soy tan dependiente. No me extraña que no le guste hacer cosas conmigo. Le hago pasar un mal rato por cualquier pequeñez".

—Lo digo en serio. Me encantaría salir a correr contigo —insistió Eddie—. Nos lo pasaremos bien. Vamos a disfrutar de este hermoso día.

La amabilidad de Eddie los ayudó a ambos. Chandra resistió la resaca de su ciclo de culpa que la apartaba de Eddie. Se puso los tenis y fueron a correr. La amabilidad de su pareja ayudó a Chandra a ser más amable con ella misma.

Todos tenemos días buenos y días malos. Aunque lleves años practicando tus habilidades de comunicación y mantengas siempre a la mano tu botiquín de primeros auxilios para relaciones, el mal humor, los ciclos de rumiación y los acontecimientos impredecibles te tomarán por sorpresa. Cuando lo hagan, en cualquier momento, puedes cambiar de marcha y tomar la decisión de ser amable contigo mismo y con tu pareja.

CUIDADOS CURATIVOS: REPARACIÓN

Por suerte, cuando tu conexión con tu pareja se rompe, esta suele repararse por sí sola si recurres a herramientas relacionales que favorezcan la sanación. Con el tiempo y la práctica, la reparación puede ser rápida y completa, y a menudo el resultado es un vínculo aún más fuerte que el que tenías antes. Cuanto más puedan reparar con éxito tu pareja y tú, más fácil será confiar el uno en el otro, experimentar su resiliencia y relajarse en la seguridad del campo de su relación.

El proceso de cuidados curativos para reparar después de una ruptura de la conexión se basa en una combinación de las habilidades que has estado aprendiendo en este capítulo, como la comunicación consciente, la inteligencia emocional, la resolución de problemas y la adaptabilidad.

Estos son cuatro principios y habilidades adicionales que pueden apoyar tu proceso de reparación con tu pareja:

1. Recuerda lo bueno.
2. Asume la responsabilidad.
3. Ten empatía.
4. Haz las paces.

Recuerda lo bueno

Supongo que para ti es fácil centrarte en lo que no funciona en tu relación. La mayoría de nosotros no necesitamos ayuda para hacer esto. El motivo por el que somos tan buenos en enfocarnos en lo que está mal no es porque somos personas negativas que sabotean a conciencia la conexión. Se debe a que somos seres humanos con antepasados que sobrevivieron porque esperaban que ocurriera lo peor cuando una ramita crujía tras ellos en el bosque. Esta tendencia a "esperar lo peor" mantuvo con vida a nuestros antepasados durante más tiempo que aquellos primeros humanos bienintencionados que decían: "Ah, no se preocupen. Seguro que no es nada".

Todos llevamos en nuestro ADN milenios de condicionamientos basados en el miedo.

Tenemos un sesgo biológico a favor de los elementos y aspectos negativos, malos, insatisfactorios o peligrosos de la realidad. Este sesgo se ha denominado "efecto de asimetría positivo-negativo". Nuestro cerebro está programado para centrarse en los elementos negativos de nuestras vidas y relaciones con mucha más frecuencia que en los positivos

(Baumeister *et al.*, 2001). Como resultado, nos convencemos más fácilmente de las posibilidades negativas. Estamos preparados para detectar las cosas que van mal.

Los pensamientos obsesivos y ansiosos en nuestras relaciones refuerzan esta asimetría. Estamos programados por defecto para darnos cuenta de lo negativo, o "malo", antes que de lo positivo, o "bueno", tanto en nosotros mismos como en nuestra pareja.

El terapeuta y fundador del Relationship Institute, Terry Real, a la habilidad de recordar lo bueno la llama "mantener tu relación en alta estima" (Real, 1997). Esta habilidad te exige que recuerdes lo que amas de tu pareja aunque te hayas visto arrastrado por la corriente de tu condicionamiento biológico.

Si tu pareja llega tarde a buscarte y comienzas a rumiar sobre todas las demás veces que se ha demorado, trata de contrarrestar el efecto de asimetría positivo-negativo apreciando sus esfuerzos y lo que están haciendo por ti. Recuerda cuando te recogió a tiempo. O, si no, piensa en las muchas características positivas de tu pareja. Reflexiona sobre los momentos recientes en los que ambos rieron, se divirtieron y se consolaron el uno al otro.

Ejercicio individual: Mi lista de cosas buenas

En un diario, escribe "Mi lista de cosas buenas" en la parte superior de una página. Haz una lista de las cosas que respetas, amas y admiras de tu pareja y valoras en su relación (incluidas las cosas buenas que normalmente das por sentadas). Haz una lista de los rasgos positivos de tu pareja y de sus actos de amor, y de los tranquilos placeres que comparten. Recordarás a William y a Theo, del capítulo 1. Consulta la lista de William a continuación para obtener ideas.

En cuanto hayas creado tu lista de cosas buenas, guárdala en un lugar donde la tengas a mano, junto a tu cama, en tu cartera o en un cajón donde puedas consultarla fácilmente.

La lista de cosas buenas de William

Theo canta mientras se baña.
Es alegre y su presencia me tranquiliza.
Confío en él.
Es leal.
Nuestra relación es nuestro hogar.
Me prepara café por las mañanas.
Me acompaña a las citas médicas.
Me da ánimos cuando estoy deprimido.
Me toma de la mano cuando salimos a pasear.
Solemos respetarnos mutuamente.
Hace lo que puede por escucharme.
Sus intenciones son buenas.
Le encanta cocinar para mí.
Tiene un sentido del humor increíble.

Asume la responsabilidad

Tengo una playera vieja que me hizo mi marido hace más de diecisiete años, cuando salíamos juntos. La guardo en el fondo de uno de los cajones de mi ropero. Es un recuerdo de las primeras etapas de nuestro noviazgo, cuando ambos desconocíamos el impacto que los ciclos de rumiación tenían en el campo de nuestra relación. Ni siquiera sabíamos que existía un campo ni que lo contaminábamos con nuestros pensamientos obsesivos ansiosos y nuestros ciclos de rumiación. Estábamos profundamente atrincherados en nuestro guion sin salida de la pareja problema que no cambia, pensando: "Si fuera un poco más como yo, esta relación podría funcionar". Estábamos tratando de convertir al otro en nuestro clon.

La playera que me hizo dice: "Bésame. Soy crítica, exigente, irresponsable e impaciente".

Yo también le hice una playera, que dice: "Bésame. Soy negativo, cerrado, inflexible y pesimista".

Te estarás preguntando por qué alguien daría una playera así a alguien a quien ama.

Espera un poco y sigue leyendo. Todo tiene su porqué. Cada vez que nos peleábamos yo decía cosas como: "¿Por qué eres tan negativo? ¿Por qué no puedes ser más cariñoso? Deberías confiar más en la vida". Y él decía cosas como: "Eres demasiado exigente. Así es como soy. Deja de controlarme".

Nuestra estrategia para mejorar la relación, que consistía en pelearnos, desconectar, criticarnos y evitarnos, no estaba funcionando. Pronto quedó claro que no lo superaríamos a menos que cambiáramos la trama de nuestra historia de amor cuanto antes.

Tras muchos meses de acudir una vez por semana a terapia de pareja y una gran cantidad de tiempo invertido en reflexiones personales, reconocimos que en realidad sí teníamos algunas de las cualidades negativas que habían desencadenado toda esa actitud defensiva. Decidimos "apropiarnos" de esas cualidades y responsabilizarnos de ellas en lugar de ofendernos cada vez que el otro sugería que nos gobernaban.

De ahí las playeras infernales que comenzamos a usar. Crearlas juntos causó un alivio cómico a nuestro guion sin salida. Recibirla del otro nos ayudó a tomarnos menos en serio y a practicar la humildad. A veces, nos las poníamos durante algún desencuentro como una ofrenda de paz silenciosa. Nos hacían reír.

Lo interesante fue que cuanto más pudimos apropiarnos de los rasgos negativos consignados en nuestras playeras, menos los exhibíamos. Mi marido se volvió más optimista, cariñoso y flexible. También me experimentó como una persona más comprensible, responsable y paciente. Sabíamos que teníamos experiencias negativas del otro, además de positivas... y no pasaba nada. El que cada uno de nosotros trabajara para convertirse en una mejor pareja terminó siendo más sencillo que presionar al otro para que cambiara.

Apropiarte de todo lo que eres (incluidos los rasgos y las características de los que no estás orgulloso) es un asunto serio. Divertirse con el proceso puede ayudarte a superar los momentos difíciles.

Ejercicio conjunto: Playeras de apropiación

Consigue dos marcadores de punta gruesa y dos playeras blancas lisas o camisetas interiores. También puedes usar trozos de papel y engancharlos a playeras que ya tengas.

En un diario, cada uno debe escribir dos listas de diez adjetivos. Una describirá algunos de tus rasgos que consideres agradables. La otra, de adjetivos que describan tus rasgos menos agradables. Si te atascas en algún momento al pensar en adjetivos agradables o desagradables, consulta la otra mitad de la lista para inspirarte. Piensa en lo opuesto del adjetivo agradable o del desagradable que ya escribiste, según sea el caso.

En cuanto tu pareja y tú tengan las dos listas de sus propios adjetivos agradables y desagradables, intercambien las listas y pongan una estrella junto a cuatro de los rasgos agradables de la lista de "adjetivos agradables" de su pareja. Coloquen también una estrella al lado de cuatro rasgos de la lista de "adjetivos desagradables" de su pareja. Luego, regresen la lista y escriban: "Bésame, soy...". Seguido de los cuatro rasgos desagradables que marcó tu pareja, bien en el papel que colgarás o directamente en la playera.

Pónganse las playeras y párense uno frente al otro o al lado frente a un espejo. Si lo desean, también pueden besarse (tal como dicen las instrucciones de las playeras).

Para que las "playeras de apropiación" cumplan su propósito liberador, cada uno tendrá que ver tus propios defectos sin que la vergüenza o la culpa lo abrumen. También tendrán que conectar con el gran propósito de este ejercicio y contener cualquier impulso de criticar o avergonzar al otro.

Si, por cualquier motivo, no te sientes cómodo haciendo estas playeras que hacen referencia a los rasgos desagradables, puedes hacer el ejercicio con los cuatro rasgos agradables que tu pareja marcó en tu lista. Apropiarte de tus rasgos agradables puede apoyar la autoestima y la confianza que necesitarás para apropiarte de tus rasgos desagradables en algún momento del futuro.

Tus listas pueden ser algo parecido a estas:

Agradable	Desagradable
Amable	Gruñón
Reflexivo	Irreflexivo
Optimista	Pesimista
Responsable	Irresponsable
Indulgente	Perfeccionista
Comprensivo	Castigador
Permisivo	Controlador
Atento	Egocéntrico
Cariñoso	Cínico
Amigable	Hostil

Ten empatía

La empatía es una de las herramientas de cuidados curativos más poderosa que puedes tener en tu botiquín de primeros auxilios para relaciones. Aunque es un ingrediente esencial en los cuidados curativos de cualquier relación, no puede fingirse ni forzarse. No puedes colocarla como una curita, que separas de su capa antiséptica para cubrir un rasguño o un corte emocionales. La empatía es un acto del corazón. Ocurre cuando te abres a lo que otra persona está experimentando y le haces sincera compañía allá donde se encuentre. Cuando los ciclos de rumiación ya no bloquean tus vulnerabilidades, este movimiento del corazón puede surgir de forma natural.

Ya hemos hablado de distintas condiciones y habilidades que promueven la empatía: el pensamiento positivo, la inteligencia emocional, la comunicación consciente, recordar lo bueno y asumir la responsabilidad, por nombrar algunas. Cuantas más habilidades de cuidados en las relaciones practiques, como estar con lo que está ocurriendo en lugar de pensar obsesivamente en ello, más natural surgirá la empatía.

Haz las paces

Cuando lamentas algo hiriente que dijiste o hiciste, el hacer las paces con tu pareja es "pasar del dicho al hecho". Es la forma en la que traduces la comunicación consciente, la responsabilidad y la empatía en acciones.

Si llegas tarde a una cena especial que había planeado y preparado tu pareja, una manera de hacer las paces es invitándola a otra cena especial días después. Si le cortaste las alas a tu pareja por culpa de un comentario pesimista sobre alguno de sus logros, puedes compensarlo con un regalito considerado. Si te mostraste ansioso en un momento en el que tu pareja necesitaba apoyo, puedes disculparte y decirle lo importante que es para ti.

¿Cómo saber qué es lo que se consideraría hacer las paces después de un conflicto o un periodo de desconexión? Muchas personas dificultan este paso más de lo necesario tratando de adivinar, de suponer o de leer la mente de su pareja, o esperando que esta la lea. Una vez que hayas escuchado a tu pareja, hayas comprendido su punto de vista y hayas expresado tu arrepentimiento por haber participado en la desconexión, pregúntale: "¿Cómo puedo compensarte?".

Luego, espera su respuesta. Si estás en el otro lado de esta dinámica y tu pareja no sabe cómo hacer las paces, díselo.

Puede que quiera un abrazo. Quizá necesita que lo tranquilices con palabras como "Tengo suerte de estar contigo" o "Lo que tú piensas importa mucho". Tal vez te pida que hagas algo relacionado con lo que desencadenó el conflicto. Si es posible, haz lo que te pide lo antes posible, con generosidad y sinceridad.

Si tu pareja te pregunta que cómo puede compensarte, piensa en algo que podría hacer y que te ayudaría a seguir adelante. Cuando lo haga, acéptalo. Recíbelo. No sabotees su regalo con desaprobación. Permite que ablande tu corazón. El resentimiento no es bueno para ninguno de los dos. Si te cuesta asimilar los intentos de tu pareja por hacer las paces, fíjate en tu forma de pensar. ¿Estás en un ciclo de rumiación? Practica SLOW para comprender mejor tu resistencia.

Tienes derecho a pedir lo que quieres. No minimices ni cuestiones tus deseos. Pídeselo claramente a tu pareja:

—Me encantaría recibir un fuerte abrazo de diez segundos.

—Bloquea a ese tipo de las redes sociales.

—Escríbeme un *haiku* sobre cuando nos conocimos.

—Píntame las uñas de los pies.

—Inclúyeme en las decisiones parentales respecto a nuestros hijos.

Pide lo que quieras con entusiasmo. Pídelo sin preocuparte por tu pareja. Luego, deja que pase lo que tenga que pasar. Dale espacio a tu pareja para que averigüe si quiere darte lo que pides, cuándo y cómo.

Tu pareja puede negarse si no se siente lista, si no puede o no quiere cumplir tu petición. También puede decir "tal vez". No dejes que tu miedo a una respuesta negativa evite que honres lo que quieres y lo pidas. Cada vez que te conectes contigo mismo lo suficiente para reconocer y expresar una verdadera necesidad, es una pequeña victoria, sin importar si tus necesidades se cubren o no. Cuando tu pareja te diga algo que puedes hacer para reconciliarse, siempre es un regalo.

Ejercicio conjunto: Nuestro botiquín de primeros auxilios para la relación

En un diario, tanto tú como tu pareja escriban cinco o seis "elementos" de la lista siguiente que les gustaría usar cuando estén rumiando, desconectados el uno del otro, haya malos entendidos o estén resolviendo un conflicto. En cuanto hayan escrito sus listas, fíjense en qué elementos seleccionaron ambos. Cópienlos en otra hoja de papel con el título: "Nuestro botiquín de primeros auxilios para la relación". Hagan copias de esa lista, una para cada uno. Guarda esta lista de estrategias de cuidados preventivos, paliativos y curativos al alcance de la mano.

Añade elementos adicionales a tu lista conforme vayas reconociendo cuáles podrían ayudar en situaciones nuevas. Revisa los elementos con frecuencia. Cuando lo estén pasando mal, estén molestos o desconectados (o cuando algo parezca desequilibrado entre ambos) usen uno o más de los elementos de su lista de primeros auxilios.

Elementos del botiquín de primeros auxilios para relaciones

- Practicar la comunicación consciente.
- Repasar las responsabilidades del hablante y el oyente.

- Ver e identificar los ciclos de rumiación.
- Abrirse al trío de vulnerabilidades: sensaciones, emociones e impulsos.
- Acoger lo que surja sin juzgar.
- Practicar la aceptación en los ciclos de culpa.
- Soltar el perfeccionismo y lo que no se puede controlar en los ciclos de control.
- Conectar con mi cuerpo en el aquí y el ahora en los ciclos de preocupación.
- Trabajar en mi capacidad para confiar sabiamente en los ciclos de duda.
- Aceptar la responsabilidad de mi contribución a los problemas y desafíos en los ciclos de autocompasión.
- Recordarme: "Si esto que temo ocurre como me gustaría, sería genial. Si no, también estará bien, porque, de cualquiera de las dos maneras, estoy y estaré bien".
- Cultivar una mentalidad de crecimiento.
- Recordar: "Puedo confiar en que la vida se desarrollará en mi propio interés y a su propio ritmo".
- Recordar: "Puedo aprender, tener y disfrutar más si relajo mi control sobre el resultado que tenía en mente y recibo lo positivo en lo que está llegando ahora".
- Recordar: "Las cosas pueden ser interesantes y valiosas, aunque no sean lo que esperaba".
- Taponar las fugas: energéticas, omisiones tóxicas y expresivas.
- Revisar nuestro EAP y tener claras las pequeñas cosas que podemos hacer para practicar un apego seguro.

- Practicar SLOW después del hecho.
- Practicar SLOW durante el acto.
- Practicar SLOW en soledad.
- Pasar por el proceso conjunto de SLOW en pareja.
- Revisar mi lista de luces de advertencia.
- Revisar y alimentar mi lista de pequeñas victorias.
- Centrarse en una respiración.
- Reinterpretar los comentarios "críticos" de mi pareja como una señal de que estoy teniendo pensamientos obsesivos.
- Ver guiones sin salida.
- Rescribir la trama de nuestro guion.
- Repasar nuestros detonantes.
- Identificar pensamientos mediante lenguaje vulnerable.
- Revisar los miedos relacionados con el apego para cultivar la autocompasión.
- Usar anclajes de la conciencia.
- Usar el tiempo fuera para adultos.
- Acoger lo que está ocurriendo en el aquí y el ahora.
- Elegir una alternativa de pensamiento positivo ante los pensamientos obsesivos.
- Después de una discusión o un desacuerdo, preguntar: "¿Cómo te lastimé?".
- Decir: "Déjame pensarlo" o "Dame un poco de tiempo para pensar en tu punto de vista".
- Ser más amable conmigo y con mi pareja.
- Revisar mi lista de cosas buenas.
- Añadir nuevas cualidades a mi lista de cosas buenas.
- Crear, rehacer o usar mi playera de apropiación.

- Adoptar una postura de "sí, y".
- Practicar el asumir la responsabilidad.
- Practicar el reparar después de conflictos y malos entendidos.
- Tener empatía.
- Hacer las paces.

Las estrategias de cuidados preventivos, paliativos y curativos pueden ayudarte a evitar problemas, aliviar el sufrimiento y sanar tu relación. Al contrario que la rumiación, el pensamiento positivo ofrece una forma de cuidado preventivo que alinea las percepciones de una pareja con sus experiencias internas y el mundo que los rodea. La reflexión adaptativa, la metacognición, la inteligencia emocional, la resolución de problemas y la reevaluación positiva son ejemplos de pensamiento positivo. Algunas herramientas básicas, pero importantes, de los cuidados paliativos que puedes usar en tu relación son la comunicación consciente, los tiempos fuera para adultos, la postura "sí, y", la adaptabilidad y la amabilidad. La reparación es una de las herramientas curativas más poderosas en las relaciones. Implica que hay que recordar lo bueno, asumir la responsabilidad, tener empatía y hacer las paces.

Conclusión

Uno de los derechos humanos más básicos que tenemos es el derecho a ser nosotros mismos. Todo el mundo merece ser sí mismo en profundidad y con autenticidad. Incluso cuando te has criado en una cultura que da prioridad al pensamiento por encima de otras muchas habilidades y capacidades humanas asombrosas, te mereces la oportunidad de aprender a ser tú mismo y a estar con lo que ocurre en tu interior, en el aquí y el ahora. Tienes derecho a explorar lo que se oculta bajo la defensa de tu rumiación en la relación y tus ansiosos pensamientos obsesivos para poder encarnar tu propia y robusta vitalidad. Aquí es donde empiezan las historias de amor más felices: con la elección de estar contigo mismo tal y como eres y experimentarte plenamente.

Nuestras historias de amor son como las novelas de *Elige tu propia aventura*. En el amor, cada día tomas decisiones importantes que llevarán la trama de tu historia en la dirección que deseas o la desviarán hacia una dirección que no quieres. Una elección te llevará a una página en la que tu aventura se desarrolla y profundiza. Otra, a veces el mismo día (o incluso unos instantes después), te lleva a una página en la que tu apasionante aventura termina prematuramente. Tus elecciones influyen en las siguientes, y las nuevas influyen en las que van después. Este principio de "elige tu propia aventura" está debajo de todas nuestras historias de amor.

Entonces, ¿qué elegirás? ¿A qué página pasarás?

En este libro has podido conocer al enemigo silencioso del amor: la rumiación en las relaciones. El pensamiento negativo, repetitivo y crónico en el que participan una o dos personas que comparten un vínculo sentimental comprometido es especialmente dañino cuando está oculto y no reconocido. Has estudiado cómo interfiere con tu satisfacción con tu pareja y tu relación. Tanto tú como tu pareja han estado viendo la rumiación a través de distintas lentes, dirigiendo su atención hacia el interior cuando experimentan un detonante, en lugar de hacia el exterior y lo que los provocó. Has estado viendo tus pensamientos y tus ciclos de rumiación. Has estado identificando tus patrones mentales y abriéndote a lo que hay debajo. Has estado acogiendo más de quién eres, aunque haya sido incómodo. Al reconocer lo que dificulta localizar los pensamientos obsesivos y cómo se activan los ciclos de rumiación, has iluminado los ciclos de culpa, control, duda, preocupación y autocompasión.

¿Qué hace que una historia de amor sea una aventura? Muchas cosas, pero, sobre todo, el regocijo de cualquier aventura proviene del hecho de que ninguna experiencia auténtica, salvaje, tierna o vibrante puede saberse ni presagiarse. Cada historia de amor se desarrolla de una forma única e impredecible. Evoluciona y se desarrolla, sorprendiendo incluso a quienes están dentro. Los protagonistas de las historias de amor son innegablemente quienes son: únicos, maravillosos, complicados, cambiantes, imperfectos y, a veces, también enloquecedores. Combinan dones y vulnerabilidades físicas, espirituales, genéticas, emocionales, ancestrales y cognitivas. Los protagonistas de las historias de amor no son autómatas que rebotan por los pensamientos como las bolas de un *pinball*. Escriben juntos su historia de amor con cada decisión que toman. Cada elección pasa la página. Las pequeñas y constantes decisiones dan forma al amor... a veces más que las grandes.

Sean cuales sean las decisiones que tomes en tu historia de amor de "elige tu propia aventura", estarás mejor preparado para abrazar la vida que te rodea y la que hay dentro de ti cuando te veas a ti mismo como participante de un campo de relación vibrante y receptivo, un ir y venir cambiante y energético de conectividad. Trabajar hacia la interdependencia, los límites positivos y la seguridad en tu campo es una colaboración. Toda gran colaboración empieza por poner de tu parte sin perder de vista el objetivo general.

¿Cómo pondrás de tu parte para dar forma a tu historia de amor? ¿Fortalecerás tu ser con músculos, haciendo una pausa para experimentar lo que hay más allá de tu rumiación? ¿Te fijarás en cómo han influido las experiencias tempranas de apego con los cuidadores primarios en tus necesidades y miedos relacionados con la cercanía y la distancia? ¿Tendrás en cuenta tu EAP en los momentos en los que tu pareja y tú tengan dificultades y luego harás algo mínimo que te conduzca a una mayor seguridad y confianza? ¿Reconocerás cuándo estés recitando las mismas viejas frases de un guion sin salida ya conocido? ¿Usarás SLOW con regularidad, en soledad o con tu pareja, en el acto o después del hecho, para fomentar una mentalidad de crecimiento mucho después de que hayas devuelto este libro a una estantería o hayas pasado a un nuevo libro en tu dispositivo digital? Cuando puedes cambiar tu mentalidad fija a una de crecimiento, viendo tu relación como un campo cocreado, estando contigo mismo y con tu pareja tal y acogiéndose como son realmente en el aquí y el ahora, la rumiación se debilita. Eso es una victoria. El amor puede florecer.

Romper el ciclo de rumiación ansiosa no ocurre por accidente. No es magia. Ocurre pensamiento a pensamiento, detonante a detonante, día a día, elección a elección, viendo, identificando, abriéndote y acogiendo. Sucede cuando mantienes tu botiquín de primeros auxilios para relaciones a mano y bien surtido de herramientas y habilidades preventivas, paliativas y curativas para el cuidado de las relaciones. Saca y emplea los elementos de tu botiquín con regularidad. No dejes que acumulen polvo. Utilízalos para alimentar el amor. Tú y tu pareja están hechos para crecer juntos, acogiéndose entre ustedes más plenamente tal y como son ahora mismo en el campo de su relación. No tienes que pensarlo obsesivamente.

Agradecimientos

Livia Kent, tú plantaste la semilla para este libro cuando me invitaste a escribir para *Psychotherapy Networker*. Le estoy agradecida a Wendy Millstine, editora de adquisiciones de New Harbinger, por ponerse en contacto conmigo después de leer uno de mis artículos. Elizabeth Hollis Hansen y Jennifer Holder me dieron el equilibrio adecuado entre libertad y orientación conforme iba elaborando el manuscrito. Gretel Hakanson, tu generosidad y atención al detalle convirtieron las últimas fases de la creación de este libro en un deleite. Rita Rosenkranz, mi agente, me guio con consejos prácticos en momentos clave, lo que redujo mis propios pensamientos ansiosos obsesivos.

Estoy en deuda con Steve Shapiro como médico, maestro y supervisor por transformar mi manera de pensar en la ansiedad y las defensas... y en la forma en la que trabajo con mis pacientes. A los miembros del grupo de capacitación 2019-2022 Malvern Core Training... gracias por estar en este viaje conmigo.

Estoy agradecida con todos mis pacientes, terapeutas, capacitadores, supervisores, maestros y colegas, como Carol Kramer, Dianne Modell, Linda Carroll y Jeffrey Frank, por desafiarme e inspirarme, por compartir sus experiencias y moldear mi pensamiento sobre el pensar y el estar.

A las personas que leen mis libros, mis artículos, que están suscritos a mis boletines de novedades, que siguen mis publicaciones en blogs, Instagram y redes sociales, gracias por su fidelidad. Estoy agradecida de tenerlos en la parte receptora de las palabras que pongo sobre la página y la pantalla. Lo que da su verdadero valor a estas palabras es la forma en la que aterrizan y se gestan en su interior. Paula Salguero, nuestras nocturnas conversaciones sobre el amor, la vulnerabilidad y la maternidad que tenían lugar mientras veíamos a nuestros hijos hacer vueltas de rueda y toda clase de piruetas en lugar de ponerse sus pijamas, me ayudaron a superar los largos meses de una pandemia mundial. Nuestra amistad me enriquece más de lo que puedo expresar con palabras. Po Hong-Yu, tus ánimos constantes durante este proyecto me ayudaron a hacerlo a mi manera. Dyan Machan, eterna aventurera, gracias por la magia que sigues aportando a mi vida. Pat Muñoz, también llamada Mamá, todas esas verduras frescas que arrancabas de tu jardín para dejarlas en mi puerta mientras escribía y revisaba estas páginas lo fueron todo para mí. John Muñoz, eres el mejor hermano que una hermana podía desear. Gracias por estar conmigo desde el principio.

Bibliografía

Bartholomew, K. y L. M. Horowitz (1991). "Attachment Styles Among Young Adults: A Test of a Four-Category Model". *Journal of Personality and Social Psychology* 61, no. 2: 226-244.

Baucom, D. H., N. B. Epstein, J. S. Kirby, y J. J. LaTaillade (2015). "Cognitive-Behavioral Couple Therapy". En *Clinical Handbook of Couple Therapy*, editado por A. S. Gurman, J. L. Lebow y D. K. Snyder, 23-60. Nueva York: Guilford Press.

Baumeister, R. F., E. Bratslavsky, C. Finkenauer y K. D. Vohs (2001). "Bad Is Stronger than Good". *Review of General Psychology* 5, no. 4: 323-370. <https://doi.org/10.1037/1089-2680.5.4.323>.

Berns, G. S., J. Chappelow, M. Cekic, C. F. Zink, G. Pagnoni y M. E. Martin-Skurski (2006). "Neurobiological Substrates of Dread". *Science* 312, no. 5774 (5 de mayo): 754-758.

Bowlby, J. (1969). *Attachment and Loss*. Nueva York: Basic Books.

Buber, M. (2010). *I and Thou*. Connecticut: Martino Publishing.

Brown, B. (2012). *Daring Greatly: How the Courage to Be Vulnerable Transforms the Way We Live, Love, Parent, and Lead*. Nueva York: Avery.

Caron, A., M.-F. Lafontaine, J.-F. Bureau, C. Levesque y S. M. Johnson (2012). "Comparisons of Close Relationships: An Evaluation of Relationship Quality and Patterns of Attachment to Parents, Friends, and Romantic Partners in Young Adults". *Canadian Journal of Behavioral Science/Revue Canadienne des Sciences du Comportement* 44, no. 4: 245-256.

Carver, C. S. y M. F. Scheier (2012). "Cybernetic Control Processes and the Self-Regulation of Behavior". En *The Oxford Handbook of Human Motivation*, editado por R. M. Ryan, 28-42. Nueva York: Oxford University Press.

Carver, C. S. y M. F. Scheier (2013). "Self-Regulation of Action and Affect". En *Handbook of Self-Regulation: Research, Theory, and* Applications, editado por K. D. Vohs y R. F. Baumeister, 3-21. Nueva York: Guilford Press.

Christensen, A., S. Dimidjian y C. R. Martell (2015). "Integrative Behavioral Couple Therapy". En *Clinical Handbook of Couple Therapy*, editado por A. S. Gurman, J. L. Lebow, and D. K. Snyder, 61-94. Nueva York: Guilford Press.

Cowen, A. S. y D. Keltner (2017). "Self-report captures 27 distinct categories of emotion bridged by continuous gradients". *Proceedings of the National Academy of Sciences* 114, no. 38, E7900-E7909.

Dana, D. (2018). *The Polyvagal Theory in Therapy: Engaging the Rhythm of Regulation*. Nueva York: W. W. Norton & Company.

Das, K. (2020). "Scientific Study on the Particle Nature of Thoughts—Do Thoughts Matter and Mass!!!". En *Current Topics in Medicine and Medical Research*, vol. 2, editado por S. K. Jain. West Bengal, 85-95. India: PB International.

Du Maurier, D. (2006). *Rebecca*. Nueva York, William Morrow Paperbacks.

Dweck, C. S. (2007). *Mindset: The New Psychology of Success: How We Can Learn to Fulfill Our Potential*. Nueva York: Ballantine Books.

Ekman, P. (2007). *Emotions Revealed: Recognizing Face and Feelings to Improve Communication and Emotional Life*. Nueva York: Owl Books.

Epstein, M. (2013). *Thoughts Without a Thinker: Psychotherapy from a Buddhist Perspective*. Nueva York: Basic Books.

Fraenkel, P. (2009). "The Therapeutic Palette: A Guide to Choice Points in Integrative Couple Therapy". *Clinical Social Work Journal* 37: 234-247.

Frederickson, J. (2017). *The Lies We Tell Ourselves: How to Face the Truth, Accept Yourself, and Create a Better Life*. Kansas City: Seven Leaves Press.

Gottman, J. y N. Silver (2015). *The Seven Principles for Making Marriage Work*. Nueva York: Harmony Books.

Grof, S. y C. Grof (2010). *Holotropic Breathwork: A New Approach to Self-Exploration and Therapy*. Albany: State University of New York Press.

Hanson, R. y F. Hanson (2018). *Resilient: How to Grow an Unshakable Core of Calm, Strength, and Happiness*. Nueva York: Harmony.

Hendrix, H. y H. L. Hunt (1992). *Keeping the Love You Find: A Guide for Singles*. Nueva York: Atria.

Hicks, T. (2018). *Embodied Conflict: The Neural Basis of Conflict and Communication*. Nueva York: Routledge.

Howes, R. (2021). "Total Liberation: A Buddhist Approach to Healing". *Psychotherapy Networker* (noviembre-diciembre): 75-76.

Jenkins, A. (2017). "Which Is Safer: Airplanes or Cars?". *Fortune*, 20 de julio. <https://fortune.com/2017/07/20/are-airplanes-safer-than-cars/>.

Johnson, S. (2008). *Hold Me Tight: Seven Conversations for a Lifetime of Love*. Nueva York: Little Brown.

Katie, B. (2002). *Loving What Is: Four Questions That Can Change Your Life*. Nueva York: Harmony Books.

Keller, H. (1940). *Let Us Have Faith*. Nueva York: Doubleday, Doran, and Co.

Kinderman, P., M. Schwannauer, E. Pontin, y S. Tai (2013). "Psychological Processes Mediate the Impact of Familial

Risk, Social Circumstances and Life Events on Mental Health". *PLOS ONE* 8, no. 10.

Levine, P. (1997). *Waking the Tiger: Healing Trauma: The Innate Capacity to Transform Overwhelming Experiences.* Berkeley: North Atlantic Books.

Levine, A. y R. Heller (2010). *Attached: The New Science of Adult Attachment and How It Can Help You Find—and Keep—Love*. Nueva York: Random House.

Li, J., D. E. Osher, H. A. Hansen y Z. M. Saygin (2020). "Innate Connectivity Patterns Drive the Development of the Visual Word Form Area". *Scientific Reports* 10: 18039.

Lipton, B. (2015). *The Biology of Belief: Unleashing the Power of Consciousness, Matter, and Miracles*. Nueva York: Hay House.

Markman, H., S. Stanley y S. Blumberg (2010). *Fighting for Your Marriage. A Deluxe Revised Edition of the Classic Best-seller for Enhancing Marriage and Preventing Divorce*. San Francisco: Jossey-Bass.

Mennin, D. S. y D. M. Fresco (2013). "What, Me Worry and Ruminate About DSM-5 and RDoC? The Importance of Targeting Negative Self-Referential Processing". *Clinical Psychology: Science and Practice* 20, no. 3: 258-267. ‹https://doi.org/10.1111/cpsp.12038›.

Nagoski, E. (2015). *Come as You Are: The Surprising New Science That Will Transform Your Sex Life*. Nueva York: Simon & Schuster.

Nagoski, E. y A. Nagoski (2019). *Burnout: The Secret to Unlocking the Stress Cycle*. Nueva York: Ballantine Books.

Nestor, J. (2020). *Breath: The New Science of a Lost Art.* Nueva York: Penguin.

Neubauer, S., J. Hublin y P. Gunz (2018). "The Evolution of Modern Human Brain Shape". *Science Advances* 4, no. 1 (24 de enero).

Nhat Hanh, T. (2002). *No Death, No Fear: Comforting Wisdom for Life*. Nueva York: Penguin Books.

Nolen-Hoeksema, S. (2003). *Women Who Think Too Much: How to Break Free of Overthinking and Reclaim Your Life*. Nueva York: St. Martin's Griffin.

Nuru, I. (2020). *You're So Patient with Me*. Middletown: publicación independiente.

Pittman, C. M. y E. M. Karle (2015). *Rewire Your Anxious Brain: How to Use the Neuroscience of Fear to End Anxiety, Panic, and Worry*. Oakland: New Harbinger Publications.

Querstret, D. y M. Cropley (2013). "Assessing Treatments Used to Reduce Rumination and/or Worry: A Systematic Review". *Clinical Psychology Review* 33, no. 8 (diciembre): 996-1009.

Real, T. (1997). *I Don't Want to Talk About It*. Nueva York: Scribner.

Real, T. (2007). *The New Rules of Marriage: What You Need to Know to Make Love Work*. Nueva York: Ballantine Books.

Sapolsky, R. (2017). *Behave: The Biology of Humans at Our Best and Worst*. Nueva York: Penguin Books.

Shapiro, F. (2014). "I Was Wrong About the Origin of the Serenity Prayer". *Huffington Post*, 15 de mayo. ‹https://huffpost.com/entry/ serenity-prayer-origin_n_5331924›.

Shapiro, S. (2019). "Transforming Resistance Fall Retreat: Working with the Challenges of Defense and Anxiety to Promote Rapid Therapeutic Change". (Taller impartido del 4 al 7 de noviembre en Malvern, Pensilvania.)

Shapiro, S. (2021). "Understanding components of affect and affect facilitation". (Conferencia de formación básica, seminario vía web.)

Smith, D. (2001). "Multitasking Undermines Our Efficiency, Study Suggests". *Monitor on Psychology* 32, no. 9 (octubre). ‹http://www.apa.org/monitor/oct01/multitask›.

Tawwab, N. G. (2021). *Set Boundaries, Find Peace: A Guide to Reclaiming Yourself*. Londres: Piatkus.

Tolle, E. (2008). *A New Earth: Awakening to Your Life's Purpose*. Nueva York: Penguin Books.

Tseng, J. y J. Poppenk (2020). "Brain Meta-State Transitions Demarcate Thoughts Across Task Contexts Exposing the Mental Noise of Trait Neuroticism". *Nature Communications* 11: 3480.

Young, J. E., J. S. Klosko y M. E. Weishaar (2003). *Schema Therapy: A Practitioner's Guide*. Nueva York: Guilford Press.